賀安慰著

文學叢刊

臺灣當代短篇小說中的女性描寫

文史哲出版社印行

臺灣當代短篇小說中的女性描寫 / 賀安慰著.
--初版. -- 臺北市：文史哲，民 98.08 印刷
頁； 公分. --（文學叢刊；24）
ISBN 978-957-547-452-2(平裝)

812.78

文學叢刊 24

臺灣當代短篇小說中的女性描寫

著者：賀安慰
出版者：文史哲出版社
http://www.lapen.com.tw
e-mail：lapen@ms74.hinet.net
記證字號：行政院新聞局版臺業字五三三七號
發行人：彭正雄
發行所：文史哲出版社
印刷者：文史哲出版社
臺北市羅斯福路一段七十二巷四號
郵政劃撥帳號：一六一八〇一七五
電話886-2-23511028・傳真886-2-23965656

實價新臺幣二四〇元

中華民國七十八年（1989）一月初版
中華民國九十八年（2009）八月初版 BOD 印刷

ISBN 978-957-547-452-2 08024

序

或者是造物弄人，或者是上天美意，或者是偶然而然，或者是不可究詰——總之，從開始的時候開始，世間就有雌有雄、有情有欲、有樂有苦；而人間也就有男有女、有離有合、有智慧、有痴迷、有糾纏追逐、悲傷歡快。後來，這一切一切，又表現爲語言文字的藝術，以及有關這些藝術的評論和解說。

文藝的論說和創作，當然不會沒有女性的參與。也不知是天地的偏愛、還是自然的演化，賈寶玉所謂「水造」的、毓秀鍾靈的女子，一般都比較「善懷」；這也是從古如斯的現象。是的：女性心思細密、感覺銳敏，語言能力，也從嬰孩時期開始便比較另一半人類靈巧。於是，即使在所謂「女子無才便是德」的年代，掃眉才子，仍然已經錐處囊中，不斷脫穎而出。到男女平等、教育普及的現代，女作家就更紛紛嶄露頭角了。她們用新詩、用散文、用小說、用報導、甚至繼續用古典詩詞，刻劃了、傳揚了人間——特別是現代女性之間——種種的歡樂與憂患、熱鬧與孤寂、歌唱與歎息。

一個典型而親切的例子是台灣。近半世紀以來，從無到有、從貧乏到富足、從農村社會到工商都會、從日本殖民到國民民主、從尊男卑女到英雌輩出，所謂「文變染乎世情」，台灣社會的變化，表現為文學的紛繁姿采。這期間，許多女作家的短篇小說裏面的女性，就是歷史見證的藝術樣本；而賀安慰女士的《臺灣當代短篇小說中的女性描寫》，就是有關這個課題的出色研究。

和若干年來的臺灣共同成長的賀女士，畢業於中興大學——一所淳樸而秀麗的，不久之前我幸運地有一年客座之緣的中部高等學府。在那蓊鬱繁茂的南園一角，在那寧靜幽雅的弘道樓，賀女士完成了西洋文學的本科學習，並且繼續在香港深造，結合了中國和西洋的文學理論，對臺灣當代短篇小說，有富於心得的研究。對女作家筆下，出身於不同階層、浮沉於不同命運的種種女性，有深厚的同情與了解。特別是她們的思想特質，是賀女士的關心所在。這本論文，研究涉獵的範圍很廣，組織鎔鑄功力不淺，而文筆清暢，連我這個外行人、外地人讀了，都興味盎然，深獲啓發。除了感謝朋友的介紹因而認識賀女士，並且誠懇地把她的研究成果，推薦給廣大的讀者。

民國七十七年六月五日 陳耀南 謹序於香港大學中文系

臺灣當代短篇小說中的女性描寫　目次

提要

臺灣當代小說指的是政府遷台後至今三十多年的小說，本論文探討的是臺灣當代短篇小說中的女性描寫，難免一面倒的偏向女性作家的小說，因爲女性作家，多數擁有不容男作家侵犯的細膩，幽怨，對同性的問題能有較深刻的感受。中國的女性作家，要到五四運動以後，才人才輩出，因爲她們開始接受現代思潮，女權運動的洗禮有關。女權運動起源於西方，西方由於產業革命完成，資本主義活動發展，引起社會結構徹底改變，這種改變包括個人思想的追求解放，尤以婦女地位的提高更見突出。至於中國，傳統的農業社會，經過鴉片戰爭以來西方列強，東方日本的武力衝擊，但一直要到新文化運動以後，婦女被長期禁錮的形勢才開始動搖，以後隨著動亂頻繁，對日抗戰，左傾思想，反共鬥爭等衝擊，婦女對自身地位有了更深的認識與掙扎，視野較廣的女作家，同男作家一樣，從國家，民族，社會的未來動向來處理婦女問題，這可以從五十年代初期臺灣短篇小說中爬梳出來。臺灣由於長期作爲日本殖民地，情況更爲複雜，所以當代小說中描繪本土女性所呈現的問題更令人深思。日本明治維新後，向西方看齊，但只是政治經濟急速西化，文化傳統却保留一定的舊勢力，它統治台灣時，自延長了台灣婦女被迫守舊的傾向；政府遷臺後，本省女性與來臺女性共處所受的衝激，也可從小說中看出。而六十年代臺灣經濟開始起飛，文學藝術也大量受西方現代主義思潮影響，女性受教育，參政的權力提高，培養了許多新銳的女作家，她們感覺到道德體系的崩潰，公害、工業化、暴力、性解放所帶給婦女的摧殘和壓力，反映在小說中，呈現多樣及複雜的面貌，實極需要我們去研究的。

第一章　臺灣當代短篇小說中的風塵女子

對熟悉當代臺灣小說的讀者來說，黃春明《看海的日子》（一九六七）中的妓女白梅，該是當代小說中最出名的妓女了。一來因黃春明是臺灣六十代備受矚目的小說家，二來因《看海的日子》備受文評家的好評，譽爲發揚人性至善的人道寫實之力作。夏志清認爲這篇小說表現了人類的堅忍精神以及對未來的美麗寄望，更進一步認爲黃春明將成爲中國的福克納①。劉紹銘亦說：「《看海的日子》精神上繼承了三十年代寫實的傳統，但風格却大異其趣…，歷盡滄桑的白梅，以無比的意志力，擺脫自己的命運，成爲中國近代文學中少見的SELF-TRANSCENDING（自我超越）人物。」②

的確，以一個十四歲開始賣肉生涯，歷經十五年的蹂躪，仍能夠堅強的脫離火坑，重新做人，白梅引起廣大讀者一洒同情、欣慰之淚，而暫時遺忘現實生活中黑暗的一面。周伯乃在《黃春明小說中的鄉土情懷》一文中③，認爲《看海的日子》流於傷感主義，缺乏理性的批判。他將《看》和小仲馬的《茶花女》及史提芬、柯瑞茵的《瑪姬—一個阻街女郎》相比較，後兩篇小說都沒有賦予風塵女子一個新生的希望。周伯乃無疑是相信歐美自然主義的論調。柯瑞茵的名句：「環境往往會不分靑紅皀白影響一個人的一生」，自然主義最喜歡發揮的主題，是人類的獸性，和福克納的信念，背道而馳。所以周伯乃認爲，《看》的結局相當獨特。

《看海的日子》的結局是，白梅在家鄉待產期間，奇蹟式的福佑家鄉的災厄，更替家鄉帶來了好運（村民的買賣生意由壞轉好），她的哥哥亦經由她的鼓勵而戰勝病魔。難怪夏志清封她爲「聖女」，她帶來的好運是「宗教式的奇蹟」，而她的分娩更是一種「自我的救贖」④。持相同看法的有王德威，他以女性主義批評角度來硏究《看》：

我們却發現此一故事的「寫實」外衣下，實蘊藏男性意識的陳腔濫調。黃春明揉合了文學中「妓女」與「聖女」的兩種典型………在黃以前中國有關風塵經驗的作品中，我們雖常遇到出汚泥而不染的紅粉佳人，却從未有作家像他這般將救贖的層次提昇得如此之高。……我們直可將其看作是「聖徒列傳」式的奇蹟。正因黃春明有系統的將白梅的故事堆砌到一匪夷所思的浪漫情境，反倒使多數讀者忽略絕大部分的妓女的境遇「不是」像白梅這樣幸運。看海的日子，因而散播著母性救贖一切的神話，……⑤

若以文學上的「原始類型」（ARCHETYPE）來硏究《看海的日子》，夏志淸及王德威持相同的論調。以文學主義來研究，夏志清及李歐梵⑥都認爲是一篇全盤人道主義的小說。我認爲，作者是基於對卑微可憐的小人物的深博同情心，給予此一故事「光明的尾巴」。諷刺的是，離《看海的日子》發表十年之後，一九七七年，黃春明應臺灣政治大學西語系邀請的講題—《一個作家卑鄙的心靈》⑦中，指出自己早期的作品乃一虛僞的人道主義，他較喜愛自己後期的作品。是否他認爲白梅的結局是自己卑鄙心靈下的「虛僞」產品？

陳映眞於一九八二年離臺前往美國愛荷華大學寫作班進修前，接受臺灣《夏潮論壇》的訪問中，對《看海的日子》和一九七七年黃春明的看法是相同的，他們一致認爲《看》缺乏藝術性。我們都知道，一篇小說之所以歷久不衰，除了社會性亦須要藝術性，這是否意味著白梅的好運結局，眞如黃春明自己所說的，只是「漂亮的瓷磚，而非鋼筋水泥」？

由於《看海的日子》引起了如此多的關心與爭論，故研究臺灣當代小說中的風塵女子之前，我們應先從中國古典文學中，探討妓女題材的內容，做爲研究臺灣當代短篇小說中風塵女子這一題目的基點。

中國古典文學中有許多描寫妓女的題材，舊詩中描寫歌妓、宮女的哀怨，往往不著邊際，一直到唐代傳奇小說及元劇，妓女的苦難才來的眞實一些。唐傳奇中的妓女大都是遭文人始亂終棄的悲劇收場；而元劇中的妓女却大都是大團圓的喜劇結局，其中的原因，乃因唐代的士子重視個人政治生命，他們極端現實與功利，加上當時門第觀念重，士子多以攀婚豪族高門爲鞏固政治地位與社會聲譽之良途。儘管娼妓爲唐文士生活的一部分⑧，他們多數與娼妓發生深戀，但利害關係衝突時，會毫不考慮放棄這段愛情而造成悲劇。而元朝是中國士大夫產生大變動的時代，因蒙古人入主中原，輕視中國傳統文化，政治上採取高壓政策及種族歧視，乃有九儒十丐之說，更廢除科舉達八十年之久，仕途之斷絕，使士人階級完全沒落，加上工商業特別發達，商人崛起，取代了士子在社會中之地位，文人淪落爲雜劇的創作者，藉著它發洩苦悶，滿足幻想，因而產生了雜劇中的妓女個個愛才不愛錢的淸高典型，做爲士子現實生活中的一種補償與平衡。說穿了，元劇中的喜劇只是士子們的白日夢。⑨

由此可知，文學作品絕不可視爲研究社會問題的資料，雖然小說無論虛構或寫實，大抵皆是範寫人生社會的境況，或模仿社會現實生活爲依規；故在這裏研究當代小說中的風塵女子，有一重要的研究意向──卽由文學作品本身中妓女的遭遇或表現爲基點，然後才延伸至社會性意義層次的探索，從妓女的遭遇或表現中，可以看出此篇小說的特質，當然，作品的主題、結構、技巧能夠影響一篇小說的好壞，但它的特質才是我這篇論文要探討的，如《看海的日子》之所以動人，除了作者語言生動，技巧高明外，最重要是它的特質，亦卽它最佳之處，在於它的思想結構，而非語言的眞實及刻劃入微。它的思想，廣博的同情心，表現在《

看》中，付與白梅「大地之母」的讚美，這就是它的特質。

第一節　六十年代臺灣當代短篇小說中的風塵女子

黃春明認眞的描寫了妓女生涯的痛苦，在他之前，如曹禺《日出》（一九三六）中的妓女，尚未接客就上吊死了；老舍《月牙兒》（一九三五）中的妓女，走投無路，投湖自盡了。但他們關心妓女的動機，大抵沿襲魯迅社會批判傳統，缺乏明確的指標。故黃春明對妓女本身的關心，可以做爲妓女題材小說中的里程碑。

本論文研究的短篇小說中的女性，重點亦就是放在這份「關心」上，注重小說的思想特質，而非從小說的主題、技巧、語言…等方面著手。

六十年代臺灣短篇小說以風塵女子爲題材而公認水準之作的有王禎和《快樂的人》（一九六四），白先勇《金大班的最後一夜》（一九六八）及《孤戀花》（一九七〇），楊青矗的《在室男》（一九六九）。

《快樂的人》⑩，描寫同屋共住兩個風塵淪落中人含笑及綠珠，理應同病相憐，一如《看海的日子》中的白梅和鶯鶯。但含笑却以爲自己做「姘頭」，不像綠珠做「暗門子」，覺得自己「混得堂正」，綠珠「一味下流」，而鄙夷她，認爲她應「死了乾淨，免去羞辱爹娘」，其實含笑對自己的父母根本不孝順。她的鄙夷綠珠，個中道理，恐怕是因綠珠正值雙十年華，而自己已徐娘半老。含笑將綠珠罵的愈兇，踩的愈低，愈能平息她因年華老去的恐慌感，畢竟她亦是靠色相維生的人啊！

綠珠雖然無知—她總是相信恩客的話，以爲那些大學生，有錢人會娶她做太太。但她心地善良，替她洗衣服的阿婆病了，她馬上拿錢給她看醫生；而含笑無疑現實的多，她只關心如何設計騙取姘頭的錢，好用來還賭債，有了錢，可以繼續「賭啊！吃啊！花啊的下去」，所以當她聽到綠珠尖笑著告訴阿婆自己快做大學生的太太時，深感對方是「多麼的不堪，多麼的卑委，多麼的齷齪，多麼的昏昧……」（頁四十一）想到綠珠的希望即將落空，而自己至今不是一樣也抓不到，不禁悲從中來：「…哦！我比她好不了多少的！…我的天！我這十年的日子也一樣過的不堪，過的委縮啊！十年來，我的青春白白浪費了！我的青春！……」。（頁四十一）

含笑表面日子風光，每日和她那班七姊八妹打牌，含笑風生，實則因她的賭債及年華老去而暗含危機，恐怕含的是苦笑。

綠珠的快樂來自無知，將來，她仍是「快樂的人」嗎？王禎和的中篇小說《玫瑰玫瑰我愛妳》（一九八三，遠景出版社）中，讓我們看到一羣妓女賣春歡樂圖，因為美軍的錢好賺，加上社會笑貧不笑娼的風氣，她們敬業樂群，似乎相當快樂哩！

楊青矗的《在室男》⑪中的大目仔，表面看來也是個快樂的酒家女，她主動的追求有酒窩的，經常調戲這個害羞的鄉下青年，說給他四十萬元破他的處男身。有酒窩的一開始亦討厭大目仔的口無遮攔，大膽的和男人講些不堪入耳的下流笑話，對這個人盡可夫的烟花女沒多大敬意，但後來經不起對方的熱情體貼，悉心的照顧及關懷而慢慢軟化，不過，他畢竟是個平凡的青年，且看看他們之間對話：

「我那裏得罪了你？你逃避我。」酒家女說。

「問妳，妳自己知道。」

「你打我罵我都可以，只是不要這樣對我。」

「那天老闆給我一張招待券，我在電影院看見你和一個男人坐在一起，有說有笑的。散場的時候，你看到我，轉過頭去假裝沒看到。那個男人把妳拉進計程車。」

「我不是不理你，我不願你看到我陪客人看電影。」說著她流眼淚了。酒家女說：「原諒我，那是我的職業，我賭咒以後再也不陪客人出去了。好吧！」（頁三十二）

愛情的力量令到大目仔短暫的啟悟，但她終於走了。後來她解釋說：

「將來跟你總不能沒有一點經濟基礎過窮日子吧！我需要錢，又厭倦酒女生涯，所以給臺中一個牧業公司經理收起，每月一萬元。……他太太一隻蟑螂也生不出，要我爲他生一個孩子，條件是給我二十萬元。我向他講明孩子一生下來就由他太太撫養，我就和他拆伙。」她拉著有酒窩的手：「原諒我，這是我的職業……等你出師後，我就洗手不幹了。」（頁四十四）

大目仔抵抗不了金錢的誘惑，更忽略了她和有酒窩的之間的愛情須要强大的黏性，她失踪了幾個月，又大個肚子回來，他一刻體會不到她的愛，下一刻她不堪的賣肉生涯就會回來騷擾他的心緒，更何況尚有一清純乖巧的女同事暗戀著他。有酒窩的是個不貪錢的樸素青年，自然的選擇了女同事，並非他負了心，而是一個酒家女多數較難得到正常的愛情。但以一個酒女的身份，「主動」追求心愛的男人，未嘗不代表風塵女人令人欣慰的一面。

有酒窩的經常有機會「親近」這個令他心動的酒家女，但他因爲愛而尊重她，欲將自己的「處男」留到結婚那晚。後來他決定和酒家女分手，傷心之餘，跑到土娼院裏去破了身，事後且嘔了起來。貞節的傳統觀念使他有著愛與性的衝突與掙扎，就算對方是個妓女，多麼感人啊！楊青矗欲表達的是，純樸的青年受到社會的汚染，一如農村受到工業革命的汚染。我認爲，一切的建設，都須經過破壞的過程，而人們在這過程中，洗滌了汚染後，才有更大的勇氣面臨汚染，挑戰汚染。有酒窩的不再是處男，一如人類由天眞到世故到世故後的純眞，這三個階段，是須要付出代價的。

季季曾指出：

中國近代作家中，一般公認寫女性以白先勇最成功。白先勇對女性有一種特殊的崇拜，他筆下的女性，在兩性關係中大多是「强勢貨幣」，她們憑美貌和手段支使男人，很少吃大虧。⑫

金大班正是這樣一個人物，她潑辣、現實、俗氣，滿口粗鄙的下流話，儼然是夜巴黎舞廳的老大姐，一如《孤戀花》中的總司令，好不威風的指揮著手上的一羣舞女。金大班總是穿的金碧輝煌，走路趾高氣昂，高跟鞋敲得震天價響。她所思，所言，所想，全是圍繞著金錢，而她亦成功的抓住了金錢及男人，雖然勝利的有些淒涼，已比不上年青時的風光。但白先勇將她寫成了個喜劇人物，而將孤戀花中的娟娟寫成悲劇人物，我試將二個風塵女子比較。娟娟無疑苦命的多，一個瘦弱的酒家女，受不了狎客柯老雄的性虐待，一天用一隻熨斗把他腦門敲破，結果了性命，自己也瘋了。

從現實生活中來分析，我們會奇怪，爲什麼金大班碰到個老實有錢的男人，雖然老一點。爲何她碰不到暴虐的黑社會人物？現實生活中，金大班的惹不得及火爆脾氣應惹來不少麻煩；

而柯老雄爲何偏要纏著瘦弱蒼白的娟娟？

白先勇《孤戀花》中蘊藏了迷信的基調，似乎暗示了「冤孽」乃一切的解釋，是生命之謎的開端。娟娟一出世就遺傳母親瘋癲的罪孽，十五歲又背負父親亂倫的罪孽；總司令擔心她會出事，將她的八字拿去算命，都說犯了大凶。娟娟咽喉上被瘋子母親咬成的紅疤，一如霍桑紅字裏的A字，是「孽」及「罪惡」的記號。她的「孽」，都是先天上的或來自父母的，而非後天的，完全超出她自我能力控制的範圍；作者暗示了命運的天定。

五寶被黑社會老龜公華三纏上，手臂上經常被他的鴉片煙槍烙上一排焦火泡子。而娟娟的手臂給柯老雄扎上一排四、五個青黑的嗎啡針孔，娟娟的「那兩隻奶頭給咬破了，腫了起來，像兩隻爛熟的牛血李，在滴著黏液。」

五寶及娟娟都擺脫不了殘暴的男人。每次都冷笑道：「這是命啊！」，作者通篇暗示了命運的不可理喻。

誰願意接受這樣的虐待？對於娟娟及五寶屈服於男人的性虐待，歐陽子的解釋是：「顯然，獸性或肉性，一方面令人深痛惡絕，一方面却又有惑人魅力，使人迷失心竅，愈墮愈深，終不可自拔。」⑬

如果說五寶及娟娟擺脫不了「肉慾」的魅惑，我不贊成。需要肉慾，爲何不找好一點的男人發洩？更何況是妓女，這方面該已痲木。誰會從一個有「魚」腥味，有「狐臭」，兩個牙巴骨像「鯉魚腮」，倒豎之硬髮如「豬」鬃，還長著一對滿佈血絲的「豬」眼的柯老雄這類男人來滿足肉慾？

白先勇的小說中充斥著「宿命」的觀念，一如尹雪艷是「妖孽」、「紅顏禍水」；金大班是「白虎星」下世；娟娟天生一副苦命相，所以她們淪落風塵，各有各的命運，乃前世註定的啊！

尉天驄從道德的觀點來看《臺北人》，他寫到：

《臺北人》這部小說集裡，我們可以看到三種人；第一種是某些達官貴人⋯第二種是風月場中人⋯⋯這些人沒有在自己的生長中有所「領悟」，⋯⋯所以遭逢一次打擊時，不時憂傷終老⋯⋯就是把生命帶入半自殺的死亡中，⋯⋯這種至死不悟的態度⋯⋯使得他們只好過著「死胡同」一般的生活。⑭

尉天驄最看不慣的是《臺北人》道德上的執迷，他們的「不肯改變」。我們當然希望金大班、五寶、娟娟有白梅的堅毅及向上的理想。但白先勇却看到人類執迷不悟的一面，他們的「怙惡不悛」就是他們的本色。

第二節　七十年代臺灣當代短篇小說中的風塵女子

七十年代以風塵女子爲題材的小說有，黃春明《莎喲哪拉，再見》（一九七三），蔡昭仙《薇薇的假長髮》（一九七〇），王默人《靠著門框的女人》（一九七二），陳恒嘉《落翅仔》（一九七七），狄宜《浮萍》（一九七五—八〇？不詳）。

黃春明以臺籍妓女爲題材的《莎喲哪拉，再見》⑮，發表後，又造成轟動。主要因爲他將女性賣春擴張大爲國家民族的自尊問題，本文圍繞著日本買春客及妓女間形成的戲劇張力，引發了男主角在國際關係中扮演了一義正辭嚴的角色，激發了廣大讀者的民族自尊心；而妓女籍貫問題亦造成畛域觀念的微小衝突。因爲小說中的妓女幾乎全是本省人，這一點相當寫實。根據謝康博士《賣淫制度與臺灣娼妓問題》⑯一書統計，一九六七年司法行政部調查臺灣公娼一八三人，籍貫全是本省。調查酒家女一八二人，只有二人是外省，其餘是本省。調查二八七個咖啡女郎，其中十五人是外省（包括福建），其餘本省。

主要原因是福建人祖先移民臺灣後，篳路藍縷，以啟山林，艱辛創業，女人一樣要下田幹活才能維生，但因女人天生力氣較小，窮苦人家只好賣女，而這些「養女」多數當作「搖錢樹」來養育。日據時代，亦有養女制度，根據謝康博士一書，一個人最多可以擁有五十個養女，這是全世界都沒有的現象。這些養女，主要是用來做苦工及淫樂，加上日本人自古輕女重男的觀念灌輸給本省人，令到本省窮苦人家動輒將女兒賣入火坑，不以爲恥。

日本人來臺灣觀光主要就是召妓，故有「男人的天堂」之稱。小說中描寫日本春客中的一些人，成立了一個叫做「千人斬」的俱樂部，「千人斬」乃延續「南京大屠殺」的歷史典故，只不過四十年後地點轉移到臺灣，意義上變爲嫖一千個妓女。

作者將男女之間的性剝削轉嫁到國際政治的層次，而將探討自己同胞嫖妓問題留給讀者去納悶，恐怕因作者無力寫這麼龐大的問題，只好藉著日本人來發洩？

小說中的風塵女子，似乎令我們感覺她們多麼歡迎日本人而非本地人──看在錢的份上。有那個妓女會爲民族自尊而拒絕接客，恐怕太少了，能怪她們嗎？

王默人《靠著門框的女人》⑰，亦是養女制度下的犧牲品。阿米，從小就受到養母的虐待，長大到十四歲就給賣入火坑。照理她養母已拿到一筆錢，阿米若狠心，可以存錢贖身而不必再照顧養母一家人，但她心地善良，及須要親人探望的孤寂心理，令到她一次又一次將錢給了養母，養母流淚的作態，不放過阿米私房錢的貪得無厭，令人感到人性中可鄙的一面。作者刻劃阿米由怨恨轉爲軟化的矛盾心態，深刻而感人。

《看海的日子》中的養母亦一樣貪心，但白梅還可以回生母家；但阿米呢？她連生母是誰都不知，我們不得不擔心她的將來，現實生活中那有奇蹟，王默人沒有交待她的將來，恐怕是不敢去想像。

《薇薇的假長髮》⑱，亦讓人看到一個狠心要錢的母親。

薇薇的命運較阿米好些，她給母親逼做舞女，十七、八歲了還相當天眞、無知。她第一次撞到分別了七年的小學同學黃敏，就告訴對方：「我在舞廳上班，舞廳不好。」看出她沒有心機。舞女生涯並沒磨練她世故，她最關心的就是帶上一頂假髮來遮住原本稀少的頭髮，令自己漂亮成熟些。她的蹦蹦跳跳及一副樂天派的模樣，除了無知，亦可能接受了她母親灌輸的價值觀。

一直到她有了男朋友，母親怕她走了，要黃敏轉話給薇薇（她和男友躲到南部去）：「叫她把條件開出來，要爲自己打算還早呢！……最多讓她妹妹也出來做，我不信每個孩子都讓我靠不住。」

薇薇不過十七八歲，她的妹妹年齡更小，作者深刻的描繪出七十年代臺灣流行的現代母女圖，一味只要錢錢錢的母親。

作者沒有交待薇薇是否有力量脫離母親的控制及有決心放棄舞女優厚的待遇。她的交男友，代表脫離母體，而「躲避」事件，令她看清母親的眞面目，她已由無知一點點邁向成熟。薇薇的母親，充斥這個社會，是社會風氣及日據時代「重男輕女」，「養女制度」的遺毒造成的。

《落翅仔》⑲中的少女亦是活潑大方，她辭鋒銳利，聰明慧黠，笑聲爽朗。但是不喜歡讀書，認爲讀書是種浪費，只有賺錢才積極，許是這種性格，她離家出走，「快樂地」到遍地黃金的臺北闖天下。

一個讀書不多的少女能賺到什麼錢？她自然的淪落爲「落翅仔」，她仍是聰明的，但多了份無奈：

以前，有人撿過好運氣，但是，現在臺北人多了，盡是壞運道。……以前有人被發掘成爲歌星，但那是很久以前了，現在，都變成等人撿去開房間的落翅仔了。（頁二六一）

她曾經努力過，偷偷跑進電視台辦的訓練班學唱歌，給發現趕了出去，因她繳不起學費。歌星夢，黃金夢皆碎了，她以前的灑脫，活潑，犀利，一點點消失，落翅仔的生涯更是難堪，她終於哭了：「我不知道，……我不知道我在幹什麼。」

她的墮落，除了貧窮，這是最主要的原因。加上都市角落，處處可見成羣結黨的不良少女，羣衆的力量加速了她們的淪落。

《浮萍》⑳中的莉玲發的是明星夢，她拋夫棄子跑去和電視臺的導演同居，以爲可以一帆風順，扶搖直上，誰知事與願違，自暴自棄走上應召女郎的路，她打著小明星的招牌，價錢自然高些，於是慫慂子丹，子丹亦是發明星夢的女孩，但她貞操觀念强，不肯答應，後來又拒吳導演性的要求，而喪失了演戲的機會。在臺北混不下，子丹終於回到鄉下，好在她有一個溫暖的家，換了是無家可歸的貧窮女孩，一時把持不住，可能萬劫不復。

七十年代臺灣社會，是個崇拜明星、歌星的社會，多少男女希望可以一登龍門，享盡榮華富貴，而忽略電影、視圈背後殘酷、黑暗的一面，就算他們有心理準備，但難免受到環境的汚染，何況是如此五光十色，耀眼生輝的行業。物質的誘惑幾乎是現代人最難抵抗的。

第三節　八十年代臺灣短篇小說中的風塵女子

八十年代以風塵女子爲題材的有蕭颯《小葉》（一九八〇），黃凡《國際機場》（一九八一），廖輝英《失去的月光》（一九八二），這三篇較爲出名。

《小葉》㉑令我們看到一羣醉生夢死的人，受金錢的擺佈，缺乏自覺的能力，如同都市暗角的落葉，任人踐踏或隨風飄盪了。

小葉老是睜著那對茫然的大眼睛，多年的人肉生涯，人格尊嚴喪盡，「運氣好，也有很快釣到凱子的」，「整個晚上白耗了的，也有可能」，她得之不喜，失之不傷，老是睜著那對不在乎的茫然大眼，心愛的男友劉智源發脾氣打她，她也不吭一聲。男友用她的皮肉錢去賭博，她也不發怨言。只有在她和一個追求劉的女孩打架時，她的大眼充滿了妬恨。她的愛，換來劉智源一頓打。

小葉的自殺令到劉短暫的啟悟；但是，他們的快樂建築在金錢上，「有了錢，世界多美好，跳舞、上館子、購物、消夜……」劉對自己犯法的賺錢方法不覺可恥，金錢加上愛情是現代人的良藥，一向瘦弱的小葉胖了。好景不常，犯法的生意那能長久！小葉又開始陪笑生涯。而劉呢？「男人用女人的錢，要能心安理得，那是孫子。」，他也有醒悟的時候，可惜向上的力量太弱，大多時，他是爛醉如泥，又吃迷幻藥，於是「藥性發作時我們想愛，酗酒後，我因愛而痛揍她。」

既無法相濡以沫，只好相忘江湖。小葉跟著另一個男人走了。他們是社會暗角墮落的典型，木然行走在五色迷彩的霓虹燈下，迷失於金錢爲主的價值觀內，愛情的力量過於脆弱。

兩人賺了錢就花掉，吃喝玩樂，不爲將來打算。作者沒有正面指出原因，也許太大太難了。蕭颯只指出價值觀的虛無，「有錢卽是生活」，令人觸目心驚。她的小說，對人性的墮落，社會的腐敗，流露出悲觀和無奈。

黃凡的《國際機場》㉒中的依萍，將所有的希望寄託在一個日本人身上，望他會娶她。十多年的皮肉生涯，她又老又病，三十一歲了，還要負擔父母親及家人的生活。她除了在國際機場癡癡的等那日本人外，沒有較好的路改變她坎坷的命運。她連夢中都叫著飛機啊飛機啊。

作者將依萍等機時患得患失的心理描寫的深刻感人。她沒有信心，擔心日本人不喜歡她。面臨命運轉捩點的那種錐心，作者讓我們看到年華老去、滿身病痛的風塵女子的悲哀。

《失去的月光》㉓中的小米較幸運些，她不用負擔家庭，加上年輕貌美，「生意」頗好的。她有許多大客戶，多數是日本人，出手闊綽，小米錢賺的容易，難免愈陷愈深了。

小米以前也曾皎潔如月光，但是虛榮心逼使她出賣了靈魂。她認眞想過，憑自己高中畢業，不難找到一份清苦的工作，但是，「她缺乏坐下來眼觀鼻，鼻觀心的定性。……不費力的日子過慣了，竟也無力去拉拔自己。」

小米冷眼旁觀周圍的女子，年輕時貪圖金錢及享受，年華老去多數以悲劇收場。她很想回到老家，重新做人，一方面自我反省：

往昔家鄉多的是隻手擎天的寡婦，細頭細面，小腳顫危，却是爲了兒女門風，能由死裏做過來，照樣腰板子挺得直直的。不知道過去支持那些女老祖宗的，現在怎麼不支持她們？究竟是少了甚麼呢？她們這些年輕的女子？（頁七十三）

時代不同了，誰還會在乎那道貞節牌坊。社會上又是笑貧不笑娼。小米頗有自覺的能力，亦頗有力量跨越啟悟的門檻，而達到重新做人的理想。衷心希望她能找回那失去的月光。

【附註】

① 見《臺灣小說裏的兩個世界》一文，收入《新文學的傳統》一書，夏志淸著。時報文化出版社，一九八〇年出版。

② 見《涕淚交零的現代中國文學》一書，頁五。劉紹銘著，一九七九年十一月初版。

③ 收入《情愛與文學》一書，周伯乃著。東大圖書公司印行，一九八四年八月初版。

④ 同註①

⑤ 王德威《尋找女主角的男作家》，《中外文學》第十四卷，第十期，頁三十五。一九八六年三月一日出版。

⑥ 見李歐梵《一支小調譜成的文學新曲》一文，收入《時報文學獎第二屆小說獎》一書，頁六十八。高上秦主編，時報文化出版社，一九八三年四月十五日再版。

⑦ 收入《我愛瑪莉》一書附錄，頁一七七。遠景出版社，一九八四年十月七版，黃春明著。

⑧ 見劉開榮《唐代小說研究》，頁六十四，商務印書館。

⑨ 見《元雜劇中的愛情與社會》一書，頁一二二。張淑香著，長安出版社，一九八〇年初版。
⑩ 收入《嫁妝一牛車》，王禎和著，遠景出版社，一九七五年五月初版。
⑪ 收入《同根生》，楊青矗著，遠景出版社，一九八二年七月初版。
⑫ 見季季《兩性關係的時代抽樣》一文，收爲《十一個女人》序。爾雅叢書，一九八四年九月五日十七版。
⑬ 見《王謝堂前的燕子》一書，頁一六〇，歐陽子著，爾雅出版社。
⑭ 見尉天聰《文學札記》頁二七一—二八。新風出版社，一九七一年出版。
⑮ 收入《莎喲哪拉，再見》一書，黃春明著，遠景出版社，一九七八年十三版。
⑯ 《賣淫制度與臺灣娼妓問題》，謝康博士著。大風出版社。頁二八六—二九〇。一九七二年六月初版。
⑰ 收入《六十一年短篇小說選》，思兼編，書評書目出版社。
⑱ 收入《五十九年短篇小說選》，隱地主編，書評書目出版社。
⑲ 收入《聯副三十年文學大系小說卷④》，聯經出版社，一九八一年九月初版。
⑳ 收入《十一個女人》，蕭颯等著。爾雅出版社，一九八四年九月五日十七版。
㉑ 收入短篇小說集《十一個女人》，同註⑳
㉒ 收入《聯副三十年文學大系小說卷⑦》，聯經出版社，一九八一年九月初版。
㉓ 收入短篇小說集《油蔴菜籽》，廖輝英著。皇冠出版社，一九八四年七月版。

第二章　她們的遭遇
——論臺灣當代短篇小說中的貧窮女子

近三十年來的臺灣作家一直走的是寫實主義的路線，不管是繼承五四運動以來的文學傳統也好，或是臺灣新文學運動的傳統也好，作家們孜孜不倦地以他們的作品來反映時代社會的現象，可以說，臺灣當代小說的社會性濃厚。回顧這三十年來的文學風格的轉變，由反共小說鄉愁小說，到「現代文學」派小說，到鄉土小說這三個階段來看，早期的鄉愁雖然不是扎根於他們生活的土地，描寫的仍是廣大中國的土地與人民；而吸收歐美現代主義文學思潮的學院派的小說也並未脫離社會現實，只不過他們在寫實主義手法裏導入了心理，潛意識、荒謬感，存在主義等的思想在內；鄉土小說畛域觀念頗厚，以挖掘本省卑微人物的痛苦著手，演變到後來「爲鄉土而鄉土」或過份暴露黑暗面而失去眞正鄉土文學的眞義，終歸鄉土文學應以溶化在中國文學裡爲最好的依歸，八十年代的鄉土小說正證明了這條路的正確。

由於五十年代的戰鬥小說鄉愁小說，題材及內容皆是敍述緬懷過去的生活，從官場、戰場直到姑奶奶的廚房繡房，而非根植於臺灣本地，而他們小說中的女性亦失去了本地性，除了少數女作家描繪了來臺後的遭遇，則列入本文討論範圍，其他描寫大陸的經驗則不予以討論。

早在一九六〇年，蔣夢麟先生就提出：

這裏有一個問題，要請臺灣的文藝作家注意。近來所見文藝作品，大多數是從記憶方面來描述大陸的事情，這種寫的太多了，成績也很好。……確比在大陸時進步很多。……此後應該把範圍擴大，包括此時此地的材料，把臺灣社會上的情形，研究清楚，窺知一般青年的心裏需要什麼？欣賞些什麼？他們的煩悶和希望是什麼？……所以我希望在臺灣寫文藝的人們，跑進那努力生產，生氣勃勃的農村社會裏去，到工業化初期的徬徨歧路的城市裏去看一看，以尋求了解，並指出正當方向。①

蔣夢麟先生一早就提出鄉土文學的重要性。七十年代正是鄉土文學最蓬勃的時代，在美國大學講授臺灣短篇小說的王靖獻就說過：「一本英譯的七十年代臺灣短篇小說選，被我從頭到尾翻爛了……到處都是受苦受難的男女，不但這些年輕的美國學生吃驚，我也吃驚。」②貧窮愚昧，遺棄髮妻，高利剝削……等，總也是西方文學屢見的主題，臺灣小說並未曾創造新的主題，一直到八十年代黃凡、陳映眞等人的一些作品才見到，畢竟所謂新主題在文學史上也是五百年難得一見的。

而本文欲擧起的黑暗閘門，及窺視女性的遭遇，並非不關懷廣大人民，只是爲主題所限。所選擇來研究的標準，乃拋開那些過份渲染痛苦細節，誇大煽情的言辭，恐怖的挫折……等的小說，心平氣和的來探討當代低下階層女性小說中的遭遇，做爲了解女性及其地位的轉變，自我的成長……等問題的一個方法。

陳若曦的《最後夜戲》（一九六〇）③，寫的是貧窮無知的女人，金喜仔愛上個流氓，爲了他而墮落、吸毒、生了孩子後他却不見踪跡，雙重的重擔壓的金喜仔連心愛的兒子都養不起，亦因她靠以維生的歌仔戲日漸式微，而她年紀大色聲藝的衰退，正面臨解僱的危機。作者讓我們看到貧苦的女子，因爲一次過錯而走向一片黑暗悲慘的命運，眞所謂貧窮的人無墮落（無犯錯）的權利，現實是最無情的鞭子；這篇小說類似楊青矗《兒子的家》，二個女主角皆上了男人的當，唯有忍受母子分離的慘痛。我認爲，《最後夜戲》是陳若曦早期小說（在臺大外文系求學階段）最好的一篇。

王禎和《三春記》（一九六八）有著他早期小說的嬉笑譏諷的風格。④女主角阿嬌，十八歲那年算過命，說命定有三個丈夫，果然不錯，她是愈嫁愈好，四十歲了又梅開「三」度，嫁的個「臉皮嫩，斯文人」的區先生，她再滿意不過，意氣風發的寫信鼓勵女兒離婚：「看

娘的榜樣，娘這一輩子，總算嫁到一穿西裝的紳士，要彩娥見賢思齊焉。」（頁二〇一）

區先生的優點竟然成爲他痛苦的根源，他是讀書人，又是公家機關的主管，愛面子，粗魯的阿嬌對症下藥，很快爬到他的頭上。除了總攬經濟大權，更拆散區先生及前妻所生兒子一家人，兒子氣不過，罵阿嬌：「都是妳這三姑六婆，拆散人家父子！妳這——」話沒說畢，區先生霍然趕過去照他底臉耳光子下去，火力十足地。「三姑六婆，也還是你的娘！」叉腰站著的阿嬌，陰陰地笑著。

阿嬌有著受教育不多小女人的缺點，她的生龍活虎，全身散發過多的肉感，剛好和斯文瘦弱的區先生成對比。她幸運，嫁了個老實的讀書人，雖是梅開三度，亦無人取笑她。五十年代隨政府遷台的外省人，隻身一人未帶女眷的，時間久了，難免再娶，外省丈夫本省妻，語言的不通或教育水準差的遠，他們生活中的難題都值得一寫。王禎和筆下的阿嬌和區先生正是對比，生活中不再是和諧，而是戰爭。魯迅《祝福》裏的祥林嫂，因二嫁皆死了丈夫，被人們視爲不祥之物，受盡奚落，忍辱偷生，淪爲乞丐。禮教眞是害人不淺。時代進步了，阿嬌由被踐踏發轉爲踐踏者，雖然她的行爲不足取法，但仍令人不禁失笑，到底女人的命運是隨著丈夫而改寫。

王禎和《來春姨悲秋》（一九六八）⑤中的來春姨，年紀大了要看兒媳臉色，「深徹明白，她媳婦厲害，她是鬥不過的。」她當初投靠兒子時，不肯拿錢幫助他們，以前對兒媳婦又頗爲挑剔，王禎和讓我們看到原應相濡以沫的卑微人物，因性格而造成的悲劇，令人無可奈何。所以來春姨終於失去她「春來」的夢想—她年老時交的男朋友—只好百般無聊的躺在病床上「悲秋」了。

《美枝仔，妳有錢嗎》？（一九七二）⑥中的老女人却須要一次次地提著包裹，往來奔波於三個兒子的家，而無暇「悲秋」了。

自己這樣在兒子家裡輪流轉著，什麼時候會倒下來？倒在什麼地方？在德發家的彈簧床上？還是德興家的八脚床？還是德明家的大榻榻米床？老人老倒頹，倒了頹了也好，省得讓媳婦糟蹋去……。（頁四十三）

二媳婦罵她的話也難聽：「鹹瓜、豆豉、菜脯她不吃，我就該剁自己的肉給她吃啦，不想想自己已日落西山了，還要作怪—老人老倒頹。」（頁四十二）在這裏，我們看不到舊式農村純樸和諧的祖孫三代同堂了。農村受到工業革命帶來的功利主義思想影響，人性也變得重利輕情了。

老人嘴饞，所以她喜歡住有錢的大兒子家裡，可以有好的吃。可惜大兒子不知體恤老人家的心願，認爲母親三個兒子都應平均來照顧。她向大媳婦要錢時的心理變化，作者捕捉的深刻且細膩，令人無奈傷感，又帶點卑瑣的心情，金錢啊！萬能！

她每次要錢，都是趁兒子打牌贏錢那一刻，且看她小心翼翼的伺機在旁，連最愛看的電視連續劇都放棄，她專注的看著兒子打牌，心理隨著放炮、自摸而變化起伏，那一句話「美枝仔啊（大媳婦）！妳有錢嗎？」，挑準了時刻才可以講得出，令人深覺不堪啊！

要錢的目的無非希望買隻雞，買條魚，給生活較窮困的二兒子、三兒子家。她已忘了二媳婦罵她的刻薄話了。

潘人木的《哀樂小天地》（一九六二）⑦中的家庭主婦，在鹽米醬醋的操勞中，不忘生活的小樂趣，是相當難得了。「在我們自己的小天地裏，玩笑不過火，也傷害不了別人，何必嚴加管束呢？做個教師，物質生活已經拮据異常，我們不免在感情方面奢侈一點兒了。」（頁八〇）

她的安貧樂道，相夫教子，更容忍丈夫的不善理財，對學生大方的毛病（他記得心愛學生喜歡吃紅燒肉，吩咐太太燒這道菜，而忘了自己家中一年也難得吃一次），她的優點，值得八十年代女性學習。劉紹銘更認爲八十年代的臺灣小說中的女性，已見不到五十年代傳統美德的女性了。⑧

王禎和《素蘭要出嫁》（一九七六）⑨裏的辛太太也是相夫教子的好女人，更難得是她讀書不多。她和《三春記》的阿嬌一樣，嫁了個「臉皮嫩，斯文人」的外省人。辛先生是讀書人，一直在縣府工作，和辛太太生了五個子女。辛先生在鄰里眼中雖是斯文尊貴，事實上，一個縣府公務員收入到底有限，供應四個孩子勉力可行，但一家人和樂安詳，沒有煩惱，在辛太太回憶裏是「和美透了」。後來，辛太太一家因爲女兒素蘭的精神病而拖垮了，辛太太毅然拋下面子去擺地攤，雖然兒女反對，認爲有失她的身份。「家計都落到這一款艱苦多卦，娘還能講臉講身份嗎？身份可以當飯吃嗎？可以當錢用？爲了生活，是莫有什麼適不適宜的。」

辛太太如果和《哀樂小天地》裏的主婦一樣只生二個小孩，則有餘力對付生命中的「天有不測風雲」，可見節育對貧窮家庭，甚至中等家庭都是重要的。當然，這層不是本文作者要探討的，王禎和所欲表達的是，面臨危機時，手無寸鐵的讀書人的無用。

陳映貞的《將軍族》（一九六四）⑩享有盛名，更搬上過舞臺，在美國、香港演出，頗爲轟動。它主要是打破了省籍觀念，描寫堅苦環境下受盡折磨的卑微可憐人，相濡以沫，而忘了省籍的不同，有它特殊的意義。

小瘦丫頭十幾歲就給賣入火坑，這種情況在本省籍貧窮人家是很普徧的，我在本論文第一章已討論過，緣起於日據時代的養女制度及本省人重男輕女的觀念。她「賣笑不賣身」的希望落空，唯有逃走，到康樂隊裏唱歌而認識了三角臉——一個年老的大陸來臺的康樂隊樂師。小瘦丫頭擔心自己的逃走會令到妹妹以更輕的年紀賣到火坑，良心逼使她回家。三角臉將自己畢生的積畜二萬五千元台幣（二十三年前的價值）給了她好去贖身。原本，小瘦丫頭誤會他欲以金錢買她做老婆：「別不好意思，三角臉，我知道你在壁板上挖了個小洞，看我睡覺。」（頁一三四）所以，三角臉留下了存摺，不告而別。五年後，兩人重逢。這時，小瘦丫頭已經瞎了一隻眼，給逼良為娼的惡人弄得。她很難過：「我說過要做你老婆，可惜我的身子不乾淨了，不行了。」（頁一四一）

陳映眞早期小說中懷有某種宿命的破滅感，企圖以生命的破局來尋求來生的幸福之路。他們雙雙自殺了，不再是卑賤的，留下了蒼涼、但是尊貴，高傲的並列姿勢，如兩個「大將軍」。他們類似希臘的悲劇英雄，勇於向命運挑戰，雖敗猶榮。

陳映眞的浪漫精神，將「貞操」提昇到不可抗拒的命運的地位，好來完成他所追求的「完美」及他欲表達的「憤怒」。我認為二人再度重逢，應更欣喜快慰的再度奮鬥下去，不該自殺。尉天聰亦認為「他們應勇敢活下去，不應把死亡加在他們身上。」⑪龍應台亦認為：「陳映眞安排男女主角雙雙自殺，做為對醜惡社會的一種抗議，這個窠臼不脫三十年代抗議文學的模式—廉價而造作。」⑫

鍾肇政是省籍作家中的第一代，他的小說有濃厚的鄉土色彩。他的《梅雨》（一九五九）⑬，對女性的心理及痛苦有深刻認識。女主角的丈夫因肺病纏綿病榻，一如窗外的梅雨，時好時壞。她以爲丈夫的病和以前一樣，躺個一頭半月的自然會好，故對他的死亡預感不以爲意。私心下，她有時倒希望他快點死了好。她幻想著，他去了後，自己不用再挨揍，幹活存下來的一點錢也不會給他搶去賭輸掉；孩子們也不會有個壞榜樣在眼前；她可以將小孩交給父母帶，自己出去做事，錢愈積愈多則做小生意……她父母因他的不務正業而遷怒於她的怨恨亦會消失……或者父母會借錢給她做生意……她陶醉在幻想的新希望中。但是當死神眞的降臨她丈夫身上時，她的痛苦、悲傷却那麼深刻，到底丈夫才是一個女人的一切。

舊式女子有著嫁雞隨雞的認命，換了七、八十年代的女子，一早離婚了。鍾肇政的另一篇小說《簷滴》⑭中的婦女，亦有著同一觀念，她的丈夫離開她及鄉下，到臺北闖事業，一去十八年，當中僅回家三次，她仍認命的苦守寒窰。

在五、六十年代的貧窮低下的階級，常見拋妻棄子，毆打女人的男人，葉石濤認爲：臺灣這塊地方由於有特殊的歷史，因此不可避免地有異於大陸的風俗習慣。本省婦女繁多的不幸皆由這卑視女人的社會發生。……不難發現童媳，養女制度所造成的許多無謂的悲劇。本省的環境對某一部分女人來說仍是禁錮心靈自由翱翔的牢獄……這原因可以遠溯到先民從大陸遷移過來篳路藍縷以啟山林，征服這瘴癘之地的時候，由於缺乏勞動力必須借重女人的雙手終於形成了這特殊的制度。一到日本竊據臺灣，日本人更助重了這不良的制度。光復給本省婦女帶來了嶄新的觀念，也爭得了解放。乍看她們在憲法保護下可以獲得男人一樣，在政治、求學、就業上的權利……然而，人是習慣的奴隸，三百年來的惡劣風俗猶在做困獸之鬥。…以女人做搖錢樹的罪惡似連綿不斷。本省婦女所行走的路仍充滿荊棘……。⑮

因爲這特殊的制度有別於大陸遷移來臺的外省人，更加深了本省婦女地位卑賤的難堪。到了七、八十年代的今天，這類題材仍是不斷的。

鄭清文的《堂嫂》，發表於一九八〇年⑯，故事中的堂嫂已六十歲了。作者讓我們看到她一生的遭遇及五、六十年代婦女的困境。

作者第一次見到他堂嫂時，她才十七、八歲，「我看她眼眶紅紅的，嘴角却露出微笑。當時我雖小，却也感覺怪怪的。我知道，笑就是笑，哭就是哭，無法了解，哭和笑怎麼會同時出現在一個臉上。」（頁六九）

原來堂嫂家開賣香條、金錢的店舖，因爲位置不好，一見到香客，就要衝過馬路到對面兜售生意。每一次有香客時，她的父親就用粗口催她快點，不停地咒罵，難怪她「眼眶紅紅的，嘴角却露出微笑。」要搶生意，怎可以哭喪著臉？

堂嫂父親死後，「堂哥雖是入贅，却坐在主人位置上。」是個不知禮數的人。

> 每看到香客，就吆喝著，要堂嫂去追趕，他的口氣和那老人完全一樣。「娘的……」有一次，我們到堂嫂店裏，看見她正在餵小孩吃奶，只聽堂哥一聲吆喝，她一把抓著香條和金錢，往前衝過馬路，她的一隻乳房，是完全光裸的。堂嫂折回來時，眼眶還是紅紅的，但嘴角還帶著微笑。（頁七）

作者不用細緻地描寫男人如何打女人，罵粗話，只從一個鏡頭的連續，讓我們淸楚看到堂嫂一生中兩個男人對她極盡壓榨的嘴臉。

下一個鏡頭，我們看到的堂嫂「動作比以前更加敏速，那一段時期，她的眼眶沒有紅過，嘴角永遠掛著微笑。」（頁七十一）原來，她的丈夫遺棄了她及四個小孩，和別的女人跑了。因禍得福？《梅雨》中的丈夫若眞的去逝，女主角該不用再「愁眉苦臉」了吧！多麼大的諷刺！多麼深的悲哀！舊時的女人！

作者藉著堂嫂的「微笑」來表達他對女人地位卑賤，男性的無賴……等有著深刻的抗議。他運用鏡頭的象徵手法，令人印象生動有力。

堂嫂說「賣香，可以接近菩薩。」六十歲的她，含苦茹辛養大四個子女，她沒有怨恨，經常帶著微笑，「這種微笑，是完全發自內心的。」（頁七十四）我認爲，本篇的題目改爲《堂嫂的微笑》亦不錯。

鄭清文《玉蘭花》中的母親⑰剛好相反，對結婚不到二年就拋妻棄子的丈夫，深痛惡絕。和堂嫂是人性的兩面。事隔三、四十年，這仇恨仍未減少半分，作者藉著玉蘭花樹將被砍去，象徵母親一生的辛勞及仇恨亦該完結了。「阿河，時間是留不住的，我們的時代已經過去了。」母親說的很平靜，她終於允許兒子去見父親臨終的一面。

她們的時代眞的過去了嗎？女性的不幸，只不過換了另一種形式的枷鎖。蕭颯《小葉》（本論文第一章討論過）中的男主角是體面的調酒師，又用小葉的皮肉錢，一樣打她來洩悶。甚至陳映眞《夜行貨車》中，因不受資本主義汚染而倍受人稱讚，譽爲民族英雄代表的詹志宏，一樣喝醉酒打女人洩悶。這點劉紹銘亦留意到：「如果我是女性，不管他（指詹志宏）思想怎麼前進，也不會愛上這個動不動就對女人拳脚交加的男人。」⑱對這一點陳映眞似乎缺乏自覺，是否因爲他和詹都是本省人？在他新作《鈴鐺花》⑲（一九八三）中，似乎對外省人金先生的「美德」不以爲然。金先生有錢有勢，對新娶的本省太太體貼入微，照顧週到，幫忙洗衣燒飯的，令到鄉下的左鄰右舍女人嘖嘖稱奇。結果，「笑呵呵的（指金先生）原配夫人忽然帶著兒子從大陸來到臺灣，被金先生遺棄的余義德的女兒（指本省太太），恰巧就吊死在『後壁山』上了。」（頁九十一）劉紹銘認為「陳映眞寫實的筆觸常見浪漫餘緒，這是他的特色。」⑳我倒覺得他的浪漫餘緒通常只給予小說中的「本省英雄」？（是不是英雄（指詹志宏），劉紹銘在本文中亦有討論）余二太太的悲劇是命運的悲劇，而非人為的，故不應給予嚴苛的結局。

楊青矗近期的作品都和工人有關，故有工人作家之稱。綜觀他全期的作品，他最善長描寫臺灣農村變遷過程中的種種問題，其中亦包括農村婦女的問題，他往往帶著强烈的使命感從事小說，致使他的小說屬於論文性質而缺乏藝術性，何欣先生認為他是臺灣七十年代使命文學的代表之一。㉑

《同根生》㉒（一九七〇）一文中的家庭每一個成員，都象徵著臺灣現代化過程中的不同階段。通篇圍繞著大姊春雲參加小妹的婚禮而引起的感傷，藉著它來說明五十年代女子和七、八十年代女子比較下的異同。

春雲因為是大姊，為了照顧弟妹，而失去受教育的機會，只能嫁個平庸的丈夫。而她的二妹，因為家境的改善而能讀臺北著名的新娘學校實踐家專，父親亦給了二妹一筆豐富的嫁妝，所以嫁了個留美博士。春雲的丈夫是個三輪車夫，現在又面臨政府取締三輪車的新措施，她百感交集，在婚禮上，看見二妹的鱷魚皮包，「五千元，比我當時的嫁妝還多！」整個婚禮，她都沈溺在回憶的悲傷中。

她的貧窮，連帶她二個小孩都不受人尊重。她的母親亦防著她，「母親怕我知道，因二妹的出嫁，一家人把我看做可畏的外人！好像我是會偷三妹嫁妝的賊。」（頁一三七）

隨著春雲的回憶，我們更了解她悲傷的因由：

八歲起就沒給家裡吃過死飯；大弟揹大了，揹二弟；二弟會走路了，三弟出生了；二妹三妹一直揹下去！……學校的老師來勸祖母給她讀書，祖母說：「女孩子讀什麼書，有再好的學問還不是嫁人生孩子煮飯。」

隨著時代的進步，她的祖母的「女子無才便是德」的觀念也跟著改變。看到春雲因沒讀書而嫁不到體面的丈夫，她後悔了。

一回娘家，祖母就三百五百往孩子身上塞。姊妹中誰表現出一絲看不起踩三輪車的姊夫，祖母的拐杖就往誰身上抽。……祖母臨終時，留給她最後一句話：「春雲，祖母……最遺憾……的是……沒給妳讀……。」（頁一四三）

二妹最勢利，因自己有錢而看不起窮人。三妹年紀小，卻有良心，知道對大姊爲這個家付出了一生而感恩。

「一樣米，百樣人」，春雲要怨，也只能怨早生幾年，但時光怎能倒流呢？

《麻雀飛上鳳凰枝》是楊青矗一九七三年的作品㉓，屬於《工廠女兒圈》一系列作品之一。雪貞是紡織工廠二千多個女工中姿色最美的一個。董事長讀大學的兒子看上了她，相戀兩年後給董事長知道，認為門戶不當而辭退了雪貞，但二人仍有來往，董事長就托人給了雪貞哥哥十萬元（她父母雙亡），要他儘快將妹妹嫁掉，另外將兒子送去美國讀書；雪貞受了刺激精神有些失常，再加上有關她墮胎的謠言，雖然貌美如花，仍沒人敢娶。

父母雙亡，又有個唯利是圖的兄嫂，雪貞的命運可想而知。她的兄嫂替她物色了個其貌不揚的工人，雪貞當然不答應，她的兄嫂竟然叫那工人進雪貞房間去「强姦」她，「不然你免想她會答應嫁給你。」

結了婚後，雪貞才知她的丈夫只是工廠的臨時工而非正式工，一個月才賺千多元而非五、六千元，直呼上了當，精神病一發不可收拾。

雪貞的悲劇在於將美夢建築在沙土上，若她對自己的「高攀」稍有自覺，也不會跌得如此慘重。

子于《迷惑》㉔裏的女工，都好喜歡工廠裏那個大學生，視他為「白馬王子」，但是，她們却有自知之明，不會追求他，想也不敢想。如果這個大學生如《鴿鴿記》中的惡少㉕或如《眞是抱歉啊！老弟》中的臺大法律系學生㉖或如《雨來了》㉗中的大學生，把阿秀（《迷惑》裏的女工）這樣的女工騙上手還不容易？但兩個階級不同的人，因思想的差距產生了「迷惑」而能夠有所「自覺」，故能愉快的相處了。

《昭玉的青春》㉘（一九七六）亦是《工廠女兒圈》一系列的代表作之一。昭玉將她的青春「賣」給了工廠；她十七歲入廠當臨時工，足足當了二十二年，仍不能升爲短僱工，不要說正式工了。

說穿了，就因爲她身爲女兒家，加上受的教育少，淪爲倍受歧視的階級。看完了這篇，我們希望八十年代沒有第二個昭玉。

蕭颯《姿美的一日》㉙中的姿美，小學畢業，給尤先生做下女，後因家境貧窮及父母逼摧下，心不甘情不願嫁給尤先生做二房。

好在尤先生對她好，生了兩個小孩，給她一筆錢做生意，賺了不少錢。只是，姿美的日子愈來愈難過，她有度日如年的感覺，唯一的樂趣是和年輕的小董打情罵俏。

她愈來愈嫌惡自己丈夫的老醜。有一次尤先生睡午覺，她慣性的替他除領帶，突然，一個念頭閃過——勒死他！她自己却嚇的手脚癱軟。

她愈來愈煩悶：

最近老頭子不知怎麼了，總和自己走反路說反話，也不知道他打什麼主意。姿美又一挺胸，其實，還怕他生什麼歹意？有房子有店鋪，現在沒有男人伊也餓不死，誰怕他。（頁二十六）

作者用反諷的手法，强調了姿美潛意識裏的反叛，作怪的是她，起歹意的是她，想勒死尤先生的是她，她在逃避自己的心魔。

男女間年齡懸殊，日子久了，女性方面難免有多少變態心理。所以姿美的弟弟尙未結婚，她就提醒弟弟的女朋友，將來若生不出小孩，就要容他「娶小的」。對方一時領悟不過來，她却自己流滿了淚，「做小的，就不是人了嗎？」

好像張愛玲《金鎖記》㉚中的七巧，是現代小說中出名的變態女人，她得不到愛情及性生活，（她嫁的丈夫是癱的），故也不准她的媳婦及女兒得到它們。

姿美才三十多歲，她的丈夫已六十了，眞不知她往後的日子如何過，作者沒有交代，只呈現她的煩惱給我們觀察。

易卜生的名句：「殘酷的命運令到人心變冷」，這句話用在米粉嫂身上則不通。狄宜的《米粉嫂》（一九七五）㉛中的米粉嫂，命運坎坷，却仍保有善心及諸種美德，可視爲小說中的英雄人物，具有悲劇色彩。

米粉嫂遭丈夫遺棄，擺起賣米粉的攤子，養活了兩個兒女。碰到了計程車司機趙福民，兩人感情日深，趙願意離婚娶她，她心底當然高興，但卻放心不下趙妻。趙妻和她一是同一個人？趙妻流出的眼淚，不就是自己已擦乾的眼淚？米粉嫂戰勝了慾望，絕然地抽身而去，沒有趙，她一樣可以擺攤子生存，而趙妻就慘多了。她同情她，亦就是同情自己，難得米粉嫂有這個胸襟，放棄了自己的幸福，而成全了別人，她的刻苦、自制、堅毅、悲憫，是七十年代小說中的「聖女」。

《金緞嫂》㉜中的金緞嫂，無疑更具人性。她自小生活貧困，窮怕了，「現在生活裏最大的目標就是賺錢，賺更多的錢。」她其實頗良善，又堅毅刻苦，經營雜貨舖，早起睡晚的挑起生活的擔子，但她將物質生活和精神生活相混淆，以爲自己辛苦的賺錢，供家人好吃好住，就可以隨便發脾氣、罵人。她的錯誤的價值觀念及思想的貧乏無知，令她儼然以一家之霸主自稱，因她擁有經濟支配權，對金錢的狂熱，她變得自私，刻薄，暴戾，她丈夫的老鄉跑來調錢急用，她也「鐵面無私，一視同仁，不論交情深淺，一律收三分利。」

終於丈夫離開她，跑到他喜愛的溫柔女子身邊；兒子也要求自立門戶。她不能理解這轉變，慓悍地哭鬧著；表面上她是受害者，但是，我們眞不知該同情她或卑視她？

由於社會的進步，女性露出了精明、能幹的一面，加上功利主義的思想，令到一些自以爲是「女强人」的女人變得慓悍、潑辣、跋扈，忘記了做女人，或做人應有的尺寸。

最可喜的是廖輝英的《油蔴菜籽》㉜，曾獲七十一年度《臺灣中國時報》短篇小說首獎，並搬上銀幕。

《油蔴菜籽》裏的阿惠是個弟妹們的好姊姊，爸媽的好女兒，老師的好學生，憑著努力，大學畢業後更是企業公司獨當一面的好主管；故事結尾，我們看到她穿著白色婚紗，更肯定她將是個好太太，好母親，我們衷心祈禱她嫁個好丈夫。

阿惠好小的時候，就已體會出「查某囝仔是油蔴菜籽命，落到那裏就長到那裏」這句話的悲涼。從心理學的角度來看，阿惠從小的遭遇，磨練出她成長後如鑽石般的光亮耀眼，令人敬佩。

作者以平舖直述的手法，平淡簡潔的語氣，赤裸裸的描寫出一個家庭滄桑史，令人讀來毫不費力，頗適合工商社會小說的路線。對自己父母間的爭執，更是毫不保留呈現出眞實生活中的人性，是個冷靜的寫實主義者。

阿惠生長在重男輕女觀念特重的本省家庭，從小就要幫助母親做家務，帶弟妹。加上父母親的不和，父親對母親的拳打脚踢或亂摔東西，在外和女人姘居，不理家用，子女……母親的流產…上門向父親討債的惡人…不愉快的過年經歷…這一切，都加速她的成長及懂事。

她羨慕大哥，因爲是男孩，倍受母親寵愛，一天到晚在外呼朋引類，有好吃的也是他最多，家務全不用幫，阿惠一計較，母親就說那句說了許多次的話：「查某囡仔是油蔴菜籽命，落到那裏就……。」她從小就學會了認命。她考上了大學，母親竟衝著成績單撇撇嘴：「豬不肥，肥到狗身上去。」

大學四年的學費是她半工半讀賺的，母親才給她唸，所以她懂得珍惜。反觀她哥哥，爲創業搞得頭破血流，無暇顧家；大學畢業後，她挑起全家生活的擔子。身份上，她扮演傳統的角色，經濟上，她扮演違反傳統的角色。這或者亦可算是葉石濤所謂的女性的「雙重枷鎖」。

她的母親亦是窮怕了，死命的向她要錢。有一次阿惠病了住進醫院四十天，醫藥費還是同事們合借給她的。而阿惠的母親，已積攢下幾十萬元，除了大哥要得到她的錢，家中任何人都休想動母親一毛。

阿惠開始存私房錢，爲自己打算，母親很不高興，千方百計的盤查。阿惠回想母親爲這個家所受的苦，那母子哭成一團的場面：「憨兒啊！媽媽敢是無所在可去？媽媽是一脚門外，一脚門內，爲了你們，跨不開脚步啊！」（頁二一二）又是心軟了。

阿惠的母親，原是嬌寵的醫生伯的么女兒，父親給她選錯了個不務正業的丈夫，爲了家計，她將「十二塊金條，十二大箱絲綢，毛料加上好的木器」的豐富嫁妝典當的典當，變賣的變賣，替丈夫還債，養兒育女，爲了個家，犧牲了一切，辛勞了一輩子，她的認命，終於贏回了丈夫。而金緞嫂的跋扈，却失去了個丈夫。

像阿惠這樣的孝女，臺灣是很多的，而且多數是長女。《同根生》裏的春雲亦是孝順的長女，但祖母不給她唸書，累了她一生。春雲出生於四十年代，阿惠出生於五十年代，短短的十年，臺灣的社會經濟變遷已很大，人民的生活有顯著的改善，而人的命運可以相差的很遠。教育的普及，阿惠只要努力，一樣可以上大學，雖然須要半工半讀，但較多的就業機會令到此路可行，這類捱過苦的年輕人，多數純樸、乖巧、懂事，而現今的年青人，有著豐足的衣食，反而缺乏阿惠的美德了。

這裏研究完二十個短篇，我們發覺隨著時代的進步，女性的命運前景愈來愈樂觀。春雲晚生十年也就是阿惠；社會的繁榮提供就業揾食的機會，《最後的夜戲》中的金喜仔也不必爲了歌仔戲式微而擔憂；米粉嫂遭受丈夫的遺棄，一樣可以擺小吃攤維生之外，還買了房子；《堂嫂》中的堂嫂，受了粗魯丈夫的「遺棄」，生活反而更好，她仍然喜歡笑，但是眼眶不會紅，行動更敏速了；《梅雨》中的丈夫若死了，女主角的生活亦不用擔憂，這些都是拜社會繁榮之賜。早在十五、六年前，政府就實施了九年免費義務教育，貧窮人家子女，只要努力，一樣可以讀大學，出人頭地，這是值得喝采的！

【附　註】

①　見《中國現代小說的傳統》一文，收入《中國現代小說的主潮》一書，何欣著，遠景出版社，頁三十三。一九七九年三月初版。

②　見王靖獻《讀小說》一文，發表於一九八五年六月十八日，《臺灣聯合報副刊》。

③　收入《陳若曦自選集》，聯經出版社，陳若曦著，一九七八年十二月五版。

④　收入《五十七年短篇小說選》，隱地編，書評書目出版社，一九七四年四月五日三版。

⑤　收入《嫁妝一牛車》，王禎和著，遠景出版社，一九七六年八月四版。

⑥　忻易的《美枝仔妳有錢嗎》？收入《聯副三十年文學大系小說卷③》，聯經出版社，一九八一年九月初版。

⑦　收入《哀樂小天地》，潘人木著，純文學出版社，一九八一年四月初版。

⑧　劉紹銘在《時代的抽樣—論蕭颯的小說》一文中，以蕭颯的《婚事》為例子，謂現代女姓多以金錢衡量一個男人的輕重，《婚事》中的女主角因為丈夫生意失敗而看不起他，要求離婚。劉紹銘認為像五十年代鍾理和小說中的平妹這類肯和丈夫同甘苦而無怨言的女子，在八十年代難得一見，除了短篇小說集《十一個女人》中尙可見到幾個好女子外，其他的女子都有著包法利夫人的靈魂，他又舉袁瓊瓊《海濱之夜》來證明他的論調，稱平妹為當代小說中的異數。（他亦稱過妓女白梅為異數，這點我已在本論文第一章討論過）此文收入《隨筆與雜文》一書，頁五十七。劉紹銘著，正中書局，一九八四年二月台初版。

⑨ 收入《聯副三十年文學大系小說卷④》，同註⑥

⑩ 收入《夜行貨車》，陳映眞著，遠景出版社，一九八〇年三月再版。

⑪ 見《第一件差事》序，頁十五。陳映眞著，遠景出版社，一九七八年九月五版。

⑫ 見龍應台《側寫的藝術—評陳映眞的「山路」》一文，收入《龍應台評小說》，頁六十五。龍應台著，爾雅出版社，無出版年月。

⑬ 收入《鐘肇政自選集》，鐘肇政著。黎明文化事業出版社出版。

⑭ 同註⑬

⑮ 《臺灣鄉土作家論集》，頁二八四。葉石濤著，遠景出版社，一九八一年二月再版。

⑯ 收入《最後的紳士》，鄭清文著，純文學出版社，一九八四年二月初版。

⑰ 同註⑯

⑱ 見劉紹銘《陳映眞的心路歷程》一文，《香港九十年代月刊》，一九八四年七月出版。

⑲ 收入短篇小說集《山路》，陳映眞著，遠景出版社，一九八六年七月三版。

⑳ 同註⑲

㉑ 見何欣《七〇年代的使命文學—論楊青矗和王拓》一文，收入《中國現代小說的主潮》一書，何欣著，遠景出版社。一九七九年三月初版。

㉒ 收入《同根生》，楊青矗著，遠景出版社，一九八二年七月初版。

㉓ 收入《工廠人》，楊青矗著，敦理出版社，一九七八年九月十一版。

㉔ 收入《聯副三十年文學大系小說卷⑤》，聯經出版社，一九八一年九月初版。

㉕ 曾寶英的《鴒鷂記》中的男大學生，第一次和女性見面就打歪主意。收入《聯合報六六年度小說獎作品集》，聯經出版社，一九七六年十月初版。

㉗ 陳彥希的《眞是抱歉啊！老弟》中的臺大法律系學生，睡大了工廠女工的肚子，却始亂終棄，因嫌她不配，學歷低，無視於她的癡心，收入《時報文學獎第二屆小說獎》一書，時報文化出版社，一九八三年四月十五日再版。

㉗ 蔡昭仙的《雨來了》中的鄉下女孩亦給臺北來的大學生搞大了肚子，還一心巴望他會娶她，結果連他的人都見不到。收入《六十一年度短篇小說集》，思兼主編，書評書目社出版。

㉘ 收入短篇小說集《阿貴》，王禎和、王拓等著，香港文學研究社出版，一九八三年六月初版。

㉙ 收入《二度蜜月》，蕭颯著，聯經出版社，一九七八年八月初版。

㉚ 張愛玲著，收入《張愛玲短篇小說集》，皇冠出版社。

㉛ 荻宜《米粉嫂》，收入《阿貴》一書，見註㉘。

㉜ 陳佩璇《金緞嫂》，收入《七十一年度短篇小說選》，周寧編，爾雅出版社，一九八四年三月五日六版。

㉝ 廖輝英的《油蔴菜籽》，收入《七十一年度短篇小說選》，同註㉜。

第三章　慾火焚身的女子

——論施叔青的短篇小說

一、

施叔青在她的短篇小說集《常滿姨的一日》序中說：「我作品的風格，隨著劇變的生活方式，由一個時期躍入另一個時期，可以變到面目全非的地步。這可能是和天性有關，我是很善變的。」①

研究她二十年來（一九六九—一九八四）所寫的短篇小說，我認爲，她的作品風格容有大劇變，但基本的主題精神却是一貫的，或有蛛絲馬跡可尋。而這個主題，就是—慾火焚身的女人。本文乃以此「慾火焚身」之特質，來研究她小說中的女人。

施叔青，臺灣鹿港人，一九四五年出生，現年四十二歲。高中時已開始寫作，一九六九出版第一本短篇小說集《約伯的末裔》②年二十四歲。一九七六年出版短篇小說集《常滿姨的一日》，年三十一歲。一九八四年出版《愫細怨》③，年三十九歲。這裡依照她這三本小說集所代表的三個階段，來探討她小說中共同脈絡—慾火焚身的女人。

二、

《約伯的末裔》雖不同於她中、晚期的作品—以婚姻、愛情爲主。但它們仍有一貫的特質，女主角或多或少受著情慾的支配。而《約伯的末裔》是這個特質伏筆最多的小說集。白先勇爲《約伯的末裔》所寫的序—《鹿港神話》中提到：

> 死亡、性、瘋癲，是施叔青小說中循環不息的主題，且互爲因素密切相關的。死亡和性這兩種神秘不可解的生命現象，在任何文學傳統中，都是經常出現的主題，但是在施叔青的小說中，却挾著雷霆萬鈞之勢出現。④

就因「挾著雷霆萬鈞之勢」，故產生「慾火焚身」的後果。

要探討這個問題，我們必須先了解施叔青小說中的地點—鹿港，亦卽她出生及生長的地方。是她的根，亦是她作品的根。而一個作家的思想，不容否認，多少受著她生長地方及成長經驗的影響。

據施叔青在《約》文中所說：

> 鹿港曾經有過一段繁華的日子，現在繁華已去，沒落成一個荒涼的小漁港。港灣的沙

灘上，埋著零零落落的破漁船，船底朝天，讓牡蠣吃得一個個的黑洞。幾張破漁網，掛在竹竿上，獨自迎風飄蕩著。沙灘上，有乾死的魚，腐爛的螃蟹，還有一兩隻泡得腫脹的貓的屍體。從海港到市場一條街上，有家賣香燭元寶的……，右邊有一家棺材舖……。從這條街岔進小巷裏，不遠便有一個專做漁郎生意的土娼寮，門口坐著一個肥大的土娼，穿著睡衣，露出半邊奶子，百般無聊的在哼著「雪梅思君」。巷底的小酒館裏，一個喝得滿面醉紅的浪子，正在跟那個老得聾掉了的酒保，大聲喊叫他昨晚跟他那個查某幹的淫猥的勾當。街上一個老瘋婦，獨自唸唸有詞，在替她那個淹死在海裏的漁郎兒子招魂，她身後不遠，兩個扮黑白無常的人，拖著兩條血淋淋的舌頭，邊走邊舞，口裏唸唸有詞……。

這幅恐怖原始的圖畫，多少是鹿港的寫眞，亦是施叔青小說中，她的經驗世界的投影，一個充滿了死亡、性、髒、瘋癲的神秘的有著超自然力量的世界。

發生在這個破落小鎭的故事，其中的人物都是肉體上、心靈上，或精神上受過斲傷的畸人，令人想起李永平系列小說中的小鎭—吉陵鎭。吉陵鎭和鹿港鎭一樣，是個破落的小鎭，在李永平小說《日頭雨》⑤中，我們看到的同樣是髒亂、貧窮、落後、原始，那是一個瘋狂淫亂的世界，小巷中的妓女戶一如鹿港鎭。劉紹銘《山在虛無縹緲間—初讀李永平的小說》

（刊登臺灣聯合報副刊，日期不詳）一文中說：「吉陵鎭不是一個現實社會，僅是作者一個糾纏不休的意念。……李永平的小說世界是個瘋狂淫亂的世界。」

白先勇《鹿港神話》一文中，亦詳細的指出：

施叔青的小說，背景不一定都在鹿港，但必是與鹿港相似的一些「荒原」，這些荒原，遠離都市，不受文明力量的左右。因爲只有在這荒原上，死亡、性、瘋癲的力量才能發出最大的原始性的威力。

在司馬中原，朱西寧的小說中，城市往往代表了奸詐，邪惡，鄉村代表了純樸，善良，尤其是臺灣五十年代的「懷鄉小說」更肯定了這一點。但是施叔青、李永平的小說，看法却剛好相反。

從歷史及社會學來看，台灣小鎭在五、六十年代，仍是相當落後、貧窮的，人民受教育機會不多，年青人多數往大城市發展，小鎭只有愈來愈破敗。落後產生無知，無知產生罪惡，那屬於原始性的罪惡，食色性也的本色。小鎭男人唯一的娛樂、恐怕就是逛窰子了。所以鹿港鎭的妓女戶，毫不掩飾的充斥大街小巷，展現出赤裸裸原始的人生。

對一個敏感具反叛性格的文學少女來說，小鎭瑣碎冗悶的生活無疑令她相信自己陷入了困境。加上受了六十年代存在主義及心理分析入門學說的影響，她欲衝破這個困境，及少女初萌芽的性好奇、性恐懼所帶來的騷動不安，反映在施叔青早期的小說內，「是被誇張的青年期的惡魔及把現實經驗恣意地，戲劇地膨脹或矯飾到面目全非的地步。」⑥

我以為，少女生活在原始，落後的小鎮，反而較生活在城市，每天坐校車上學、放學的少女，更易感受到「性」的衝激。在小鎮巷內，經常可見到或聽到男人和土娼間的調戲，生活中亦較易聽到沒受過教育的人民慣用的「性」的粗話；而鄉村婦女更不避諱當衆餵奶。這些，城市的正常人家少女較難見到，就算見到，亦是蒙上一層神秘朦朧的色彩，而非小鎮那般原始、赤裸裸的。

我認為，施叔青的早熟多少和她成長階段，受到小鎮「性」的刺激較多，根據心理學，一個人童年感覺到「性」衝激較多，長大後對性的感覺較麻木，而尋求更多的刺激感。故反應在她的小說內，充斥著「性」的主題，如白先勇所說，「挾雷霆萬鈞之勢」。且晚期小說的女主角，（施叔青三十五歲—四十歲間的作品），個個在慾海中翻騰，抵抗不了排山倒海的情慾而慾火焚身了。晚期小說中的「性」以寫實手法白描出，早期小說中的「性」，乃以象徵手法暗示出來，隨著作品對於不同的問題探討，雖各有起點和收場，可是它們的中心意念和情節的發展，始終圍繞著「性」的主題，而呈現出一系列的循環故事（STORY CYCLE）。

她第一篇發表的小說《壁虎》，敘述一個成長的少女，第一次洞悉到性的可怕的摧毀力量。一個具有威望的大家族，闖入了一個外來者——大兒子的妻子——一個「如同赤裸的壁虎」，「生活在情慾中」的女人。接著整個家庭由於這個女人而迅速崩潰瓦解。大兒子陷入情慾裏，父親入獄，小兒子離家出走，這些都是象徵情慾的摧毀力量。而女主角，故事中的少女，由於一種對大哥亂倫的迷戀，妬嫉的發狂，拿起剪刀，向大嫂擲去。

亂倫的少女，陷入情慾的大哥，充滿肉慾的大嫂，每一個角色，都有性混亂的傾向，一如她中、晚期小說中的女主角——常滿姨、愫細、方月、殷玫、劉蕊蕊……這些容後討論。

《凌遲的抑束》這篇小說中，男主角所受到的性的衝動，却是古老破裂鏡子中反映出來的外祖母衰肥的肉體，這是一個十分頹廢，十分引人墮落的意象，頗類似郁達夫小說中有著變態心理的意象。也就是這種變態的性心理，造成壓倒性的威力，一發不可收拾。原始的力量，《在泥像們的祭典》中，出現在那片鬼影幢幢的墳地；在《安崎坑》中，都市人李元琴離開了臺北到安崎坑這鄉下地方所代表的原始社會去，亦使她走向了死亡。小鎮人民的無知、迷信，導致人間悲劇——礦坑倒塌，礦工王漢龍的死，導致李元琴的轉變，她由憎惡鄉下深愛都市，變為願意留在鄉下待產，多少代表王漢龍原始情慾的魅力。但是小鎮並不同樣回報她，她死於難產。施叔青小說中的小鎮，都有著不正常的摧毀力量，一如小鎮海邊的天氣，如此的不正常，却有其可怕的眞實性。而這個「眞實性」，綿綿不絕的出現在她另外二個短篇小說集—非以小鎭爲背景，而以大都市爲背景—同樣「眞實的」存在。

帶著這種「性、死亡、瘋癲」的情意結，難怪施叔青沒有浪漫的小說或愛情故事。她在一九七六年出版的第二本小說集《常滿姨的一日》，已是一系列討論婚姻問題的小說。《困》中的一對留學生夫妻，沒有愛情基礎，只爲了怕寂寞就結婚。《完美的丈夫》中的一對夫妻，女的貪錢，男的選太太一如買貨品，同樣沒有愛情就結了婚。《這一代的婚姻》中的夫妻，認識到結婚前後不到兩個月，這樣的婚姻，當然在施的筆下「不正常」起來，描寫的最深刻及令人悸怖的是《這一代婚姻》中林傑生的變態心理，施叔青有著深厚的心理學知識且是個觀察入微深通人性的作家。最具有諷刺效果的是《困》中的王溪山，他一板一眼的性格，沒有一點情趣，連做愛都是，「妳一直使我覺得自己一無所有，起碼，起碼我還有東西給妳，而妳必須來求我，這讓我感到好受些。」如果夫妻間剩下的只是做愛，還有甚麼意思了。

施筆下結了婚的女人都不快樂，如果說她中期的小說以探討無法溝通的夫妻關係爲主，則晚期的小說中，這些不快樂的女人，都「非常的大膽」尋求肉慾或物慾的滿足。一九八四年出版的《愫細怨》是一系列香港人的故事，但女主角却多是外來者而非香港本地人，作品中有濃厚作者本人的影子，如《窰變》。施叔青在《愫細怨》代序《嘆世界》中說：「香港人的故事，乃浮世繪式的惡戲，給人粗野，甚至於庸俗的感覺。」

龍應台稱《㥏細怨》裏的女人爲「繭裏的女人」，她說：「她們不是理性、知性的動物，往往受情慾的控制，到不可自拔的地步。」⑦

常滿姨是遠從臺灣到紐約幫傭的女人，丈夫是船員，一年只有二、三天到紐約看她，每每却喝得爛醉如泥，一點也不體諒常滿姨的心願—只盼他能清清醒醒的和自己溫存一翻。後來她克制不住竟向自己的侄兒求歡，完全忘了禮教。這個飽受情慾煎熬的女人，差點兒跑到街上，當衆脫下衣服，大喊：「要我吧！把我拿去吧！我再也受不了喲！」（頁三〇）

施叔青大膽的描寫性飢渴的女人，常滿姨的「慾火焚身」—不顧禮統，向小自己二十歲的侄兒求歡—多少值得同情。但是《窰變》中的方月，《㥏細怨》中的㥏細，《情探》中的殷玫玫，除了擺脫不了「肉慾」，亦擺脫不了「物慾」，比起常滿姨單純的肉慾，但她工作的勤勞、節省，更加的可卑。

施叔青筆下的女人都是强者，除了常滿姨。《後街》的方勤是個留美回臺碩士，在臺灣算是高人一等；方月是個小有名氣的作家；㥏細亦是廿世紀新女性，受美國教育，嫁外國丈夫，有自己的事業，穿波西米亞式的服裝。李梅（《臺灣玉》）是個退休外交官夫人，野心勃勃的做起生意，欲用金錢挽回失去的「官太太」的風光。《票房》中的丁葵芳是京劇名伶。看到這些「女强人」在情慾物慾中浮沈，徒具女强人的外表，骨子裏都是可憐的小女人，需要男人的愛撫，而且特別地强烈。

《後街》中的朱勤，愛上有婦之夫，但一次又一次軟化在對方「性」的攻擊及自己難抑的情慾下，只好一輩子躲在「後街」爲見不得光而自苦。

《臺灣玉》中的李梅，嫁了個大自己約三十歲的外交官，雖尊爲外交官夫人，竟爲了年輕强壯男人「細毛的、性感的手臂」（頁五九、六七、七〇）及「朦朧的醉眼」（頁六一、六二）而淪爲受騙的小商人。李梅長年陪伴著「鬆弛的、老人的肉」，所以當她受到亞倫「性感」的壓力，而神魂不清，失去外交官夫人的精明、幹練，給騙了一批貨。李梅當初恐怕亦是虛榮心作祟而嫁個大自己三十歲的男人，她出身微寒，結婚後她衣錦榮歸回到鄉下老家的場面「她那部大型的林肯黑色轎車，的確轟動了小鄉下」（頁五十一），她老是念念不忘，尤其是丈夫退休後。她尊貴外表下隱藏的「肉慾」「物慾」，令人可嘆！我們情願同情她的「肉慾」，而非「物慾」，因她的財富已比上不足，比下有餘，但嫌不足；她不捨得賣掉已派不上用場的外交禮服，生意剛有點眉目，就迫不及待訂造最時款的洋裝，她的貪婪及永不知足，亦是人性墮落庸俗的一面，却充斥七八十年代的工商業社會，我們已見不到五十年代臺灣男女純樸的一面，劉紹銘說：「肯和丈夫同甘共苦的女性，眞可謂異數中的異數。」也難怪他有此感慨。

以香港爲背景的一系列香港人的故事，其中的女性，比起李梅，是有過之無不及。《窰變》中的方月，大學畢業，台灣小有名氣的女作家，移居香港後，不時爲台灣文化圈報導香港的文化動態；她老遠跑到柴灣木屋，訪問紅極一時、後來染上毒癮潦倒不堪的粵曲紅伶。或者到九龍慈雲山政府廉租屋，辛苦爬上十二層樓，爲僅有的廣東杖頭木偶老藝人做特寫。這樣的一個女知識份子，私生活却相當隨便，可以和剛認識不久的老男人上床。

「方月對姚茫有深一層的認識，還是那回『凝趣雅集』的會員獲悉西安臨潼秦始皇的兵馬俑對外開放，特地組團前往目睹……」（頁一三七），兩人是團員，一路上姚茫對方月很是照顧，她尙是古董的外向，姚茫是老行尊，難免教導她古董知識，二人就這樣熟絡起來。

有一晚在賓館吃過晚飯，方月隨姚茫到他房間看下午文物店買到的一件青花玉壺春瓶……，方月坐在床沿，注視著姚茫一雙多肉而綿綿的手，遊行在玉壺春瓶的肚子一帶，無限深情的來回撫摸著，他的神情使方月爲之動容。這一晚，她沒有回到自己的房間。

（頁一三七）

方月不同李梅，她嫁的丈夫年青有爲，但倍受寂寞煎熬。或者我們可以解說爲怨婦，但是，何必如此容易動容？是姚茫雙手意淫的動作，激發了她的强烈的慾火？

當然，姚茫有太多的理由使方月眷戀不捨」（頁一三〇），姚茫一身淡色瑞士名牌衣服，用心的飾物搭配，無懈可擊的餐桌舉止，熨平人心的話，豐富的古董知識，帶方月出入高級場所，不著痕跡的爲她添置新裝，或送她鑲工聞名的卡蒂亞眞金耳環……在在令到這個「沒有忘記當年母親如何盤算家用，供她和弟弟上大學」的女人迷戀，甚至可以說沈醉的無法自拔。

而自己的丈夫，事業剛起步，「潘榮生一副撩起袖子，隨時準備戰鬥的模樣」，比起優雅安適的姚茫「就顯得粗蠢得多了」。

方月的作風更是新潮大膽，「潘榮生到紐約出差的那一個月，方月索性連家都不回去。」難道她不怕閒言閒語？良心不會愧對丈夫？

五光十色的上流社會，迷惑住這個虛榮的女人，失去了理智。一直到她初戀的情人何塞天出現，他批評方月：「妳和以前不同，妳變得很俗氣。……看妳一身穿戴，又淺薄又做作……。」他無視於她一身的名牌及手飾。

何塞夫了解方月愛玩、貪新鮮的性格，勸她：「見好就收，回去寫小說才眞！」受了何塞天這「漂亮的一擊」（頁一四二），方月亦感到浪費了自己的才情和歲月。經過香港會所舊址，她回想以往的衣香鬢影，而今滿目瘡痍，她感到「人間世的任何事都會過

去吧⁉只有小說可以傳世⁉」（頁一四六）

但是，方月對上流社會舒適、優雅的生活迷戀太深，她的「頓悟」能持續多久？施淑認爲：「問題的解答似乎更近於方月終於要埋身在名牌與古董堆中……。」⑧我亦認爲，施叔青筆下的女人，終歸「慾火焚身」，她們道德覺悟的能力太弱。

比起方月，愫細的感情生活更加不堪，因爲方月眷戀姚茫，而愫細却看不起洪俊興。《愫細怨》中的愫細，是個失婚的女人，因一時寂寞將自己給了個處處和自己不調不配的男人洪俊興，而且無法全部擁有他，她只是個情婦。洪是極傳統的男人，無論如何不會離婚。愫細的委曲可想而知，加上她又不愛洪，逼使她就範的，是肉體的需要。

感情的事容易，兩人分開，一年半載可以把洪從心中拋開去，不過要斷絕這種肉慾的吸引，只怕難極了。無數次她發過誓，不讓他接近，可是往往守到最後一刻，她拼得全身骨頭酸楚透了，然後，洪俊興把手向她伸過來，她的自持一下崩潰了，又情不自禁向他投懷送抱了。（頁一一二）

愫細不甘心，但抵受不了慾火，離開不了洪俊興這個粗俗商人，只好經常譏笑他沒有學問，談吐舉止的差勁來洩恨。在床上，「愫細騎在洪俊興的身上，叉著腰向他威嚇挑釁：『說，我是不是你生命中，擁有過的，最美好的？』」（頁一〇三）有時「愫細蠻暴的熱情，

頗使對方招架不住，她拼命向他擠進去，最好擠回母體去，只有在那兒才有眞正的安全。」（頁一〇七）

方月和愫細都是新潮大膽的女人──指男女關係上；事實在，她們非常依戀男人提供的享受，精神上及肉體上的，而失去自我，其實亦是膽怯，沒有安全感的女人。

愫細變了，她任由洪用金山銀山把她堆砌起來，她在待價而沽？「在雅致的西餐廳、中環的精品店和床上之間消磨歲月，愫細認了，還有什麼好計較的？她在想像如果明天穿那條草綠的半褲，配上琵雅卡丹的輕鬆恤衫上班，一定會使男同事大吹口哨，她笑了，笑的一無所憾。」（頁一一四）

眞的一無所憾嗎？愫細到底不快樂，「那個不久前和狄克在榆樹下定情，手指套了細樹枝圈起的戒指，就以爲擁有了世界的快樂女孩，和她會是同一個人？」（頁一一五）

「食色性也」，男女一樣，但是女人的壓力太大，愫細和一個自己不愛的男人上床，而心有不甘，男人不會有類似的煩惱。《傾城之戀》⑨中的白流蘇也不甘心：「流蘇心想，柳原得到她，如是因自己傾心於他的風流、瀟脫，倒也罷了，但是因爲家庭壓力的成分居多，所以份外不甘。」

舊式的女子，多數沒有經濟獨立的條件，她們必須因爲傳統或家庭的壓力而屈服於男人，是擺脫不了命運的份外不甘，有著深沈的悲哀。施筆下的新式女子，完全沒有這種壓力，可能是有著太多的自由，社會道德觀念的低落，變爲玩樂、放縱的追逐者，她們雖也不快樂，但畢竟快樂的時候多。施叔青用大量的筆墨描繪上流社會優雅舒適生活的細節，如高貴場所的佈置，裝飾，氣氛……名牌服飾的種種，在在令人覺得這些女子的沈迷已太深太深。

方月及愫細畢竟也會爲了理想或眞愛而煩惱掙扎。但是《票房》及《情探》裏的女性，已看不到任何掙扎。《票房》裏的陳安妮和寡母住在何文田廉租屋裏的一個房間，因父親的早逝，環境的窮困使得她對自己的將來有了精密的全盤打算─晉身上流社會，攀結權貴。爲了這個目標，她出盡法寶。她已是個行屍走肉的金錢爭逐者。《情探》中的殷玫玫曾經相信過愛情，「那是她年輕的時候。在電視台當導播的丈夫，竟撇下她，攀上紅透香江的女演員，只爲了往上爬，殷玫玫只好遷出廣播道的家……。」於是她出賣肉體，純粹爲了名牌的服飾，可能這些名貴的衣服可以消除她心中的創傷吧！但亦可以看見香港女性對「名牌」的著魔太深。

典型的香港社會，紅男綠女，沒有靈魂，愛情只是買空賣空的交易。

施叔青接受《九十年代》（香港定期月刊）訪問時⑩，對方提出香港的故事，令人感覺她寫作的態度是既想批判又迷戀其中。對這個問題，施亦認爲是批評她的小說最漂亮的一擊。

我却覺得她寫作的態度是迷戀多於批評。因爲她對於上流社會的一切落墨太多，讚嘆，享受其中的感慨太多，却沒有「嘲弄」她筆下女性道德力量的薄弱，因爲她們非受命運的擺佈，故沒有痛苦的掙扎，可以說，施叔青的小說，沒有「嘲弄」觀照，亦產生不了「悲劇」的震撼。更多的是「迷戀」，加上她白描的筆法，對內心掙扎及人性的墮落表現的漠不關心或毫不重要，令到她的小說停頓在鴛蝴派題材的說故事階段，遂流於庸俗而不復觀矣！借用水晶評張愛玲的小說：「摭拾的也是鴛蝴派一類的題材，然而終究能夠蛻化成爲白鶴，戛然冲天飛去，而不泥途於花叢者……。」⑪施叔青的小說則陶醉於五光十色的花叢中，忙著採花釀蜜，不要說有悲劇的滌蕩作用了，讀者恐怕連「憐憫」或「諷刺」的感受都闕如，有的只是「俗氣」了。陳映眞亦認爲香港的故事是介於嚴肅小說與流行小說之間。⑫我認爲她的小說有著濃艷媚俗（KITSCH）風格。

【附　註】

① 《常滿姨的一日》，景象出版社，施叔青著，一九七七年元月一日再版。
② 《約伯的末裔》，施叔青著，仙人掌出版社，大林書店一九六九年重刊。
③ 《愫細怨》，施叔青著，洪範出版社，一九八四年四月三版。

④《鹿港神話》一文，白先勇，收爲《約伯的末裔》序。

⑤《日頭雨》，作者李永平。一九七八年十一月四日發表於《臺灣聯合報副刊》，後收入《聯副三十年文學大系小說卷⑥》，聯經出版社，一九八一年初版。

⑥施淑《嘆世界》，收爲《愫細怨》序。施淑是施叔青的姊姊，大學教授，文評家。

⑦龍應台《藕裏的女人—評施叔青愫細怨》一文，收入《龍應台評小說》一書，龍應台著，爾雅出版社，一九八五年六月出版。

⑧同註⑥

⑨張愛玲著，收入《張愛玲短篇小說集》，皇冠出版社。

⑩舒非《與施叔青談她的「香港的故事」》，見《九十年代》第一八四期，一九八五年五月。

⑪水晶《關於「沉香屑—第一爐香」》一文，收入《張愛玲的小說藝術》，頁九六。水晶著，大地出版社，一九八五年七月七版。

⑫同註⑩

第四章　蘇偉貞短篇小說中的愛情觀照

一、

蘇偉貞，廣東番禺人，一九五四年生於臺灣，政戰學校影劇系畢業，曾服役於陸軍及任職廣播電台。現爲聯合報副刊編輯。一九七九年發表第一篇短篇小說《陪他一段》，一九八〇年發表《紅顏已老》，獲得《臺灣聯合報》中篇小說獎第一名，一舉成名，備受人注目，視爲臺灣當代女性作家中最令人驚羨的奇才。

蘇偉貞在短短四、五年來，先後出版了七本小說集，篇篇被公認爲一流佳作。馬叔禮認爲：「她的文字與技巧可謂難能，就內涵與意境言，更是可貴。」①瘂弦也說過：「蘇偉貞可以寫任何劇本。」②亦有文壇老前輩說：「讀她的文字，令人背脊冒冷汗。」③

蘇偉貞特別擅長描寫現代男女（尤其是知識分子）的愛情—百孔千瘡的愛情。而我最感興趣的是她小說中愛情觀的蛻變。我將她的小說分爲三個階段：一九七九年的《陪他一段》

—一九八一年的《邱比特新記》、《二場》、《不老紅塵》、《感情角色》④——一九八三年的《世間女子》⑤《人間有夢》⑥，依比三個階段，嘗試指出她意圖傳達的愛情觀—癡，淡，釋這三個層次。

二、

《陪他一段》中的女主角費敏是蘇偉貞筆下最癡情的一個。

費敏大學四年都是一個人，不是沒人追她，而是她都無動於衷。畢業後，因工作認識了小她二歲的雕塑家，這位年輕的藝術家正値失戀，極於想抓住個東西塡滿，他選擇了費敏。費敏並不美，但她的笑讓人無法抗拒，還是她的眞實、純厚更是可貴。

他原打算出國的，認識了費敏後：

但是，有一天，他說：「我不走了。」那天很冷，他把她貼在懷裏，嘆口氣說：「別以爲我跟妳玩假的。」口氣裏，心裏都是一致的—他要她。（頁二）

費敏對愛情太認眞，又太容易感動。他爲了她做了如此決定（不出國），她想應報答他更多，就把幾個常來往的男孩子回絕了。費敏晶瑩剔透，她不是不知道他不出國並非全爲了她；她亦知「他要她」並不表示「他愛她」，她明白他終是要離開她的，所以格外疼他，義無反顧的告訴他——我陪你玩一段。

但是，費敏根本玩不起。她涉世未深，又是情場初手，她只看到浪漫的表面，而看不到內裏摧毀的力量，她注定要失敗的。尤其對方是個「想要又不想要，深沈又淸明，像個男人又像孩子的人。」（頁三）「他是一個驚嘆號，看著妳的時候都是眞的。」（頁四）「他對她沒有對以前女友十分之一好。」（頁四）

或者，女人都是不可理喩的。費敏愛上他，多少爲了他不在乎她；就好像《沉香屑——第一爐香》中的葛薇龍愛上了浪蕩子喬琪，亦爲了他不愛她。⑦

對這一切，費敏一無怨言，我們可以看出她屬於悲劇性格。「費敏最喜歡他的就是他的兩面性格，和他給她的悲劇使命，讓她過足了扮演施予者的角色的癮。」（頁三）

在愛情中，費敏選擇了「施予者」，「愛人者」的角色：

他有一個在藝術界很得名望的父親，家裡的環境相當複雜；他很愛父親，用一種近乎崇拜的心理，所以，把自己疏忽掉了，忘記的那部分，由費敏幫他記得，包括他們交往的每一刻和他失去的快樂。她常想，他把我放在那裏？也許忘了。（頁五）

費敏只是他煩勞人生中的避風港，他根本不關心費敏的痛苦：

跟他談戀愛後，她把一切生活上不含有他的事物都摒棄一邊；看他每天汲汲於名利，爲人情世故而忙，她就把一切屬於世俗的東西也摒棄了。跟他一起，家裡的事不提，自己的工作不提，自己的朋友不提，他們之間的濃厚是建立在費敏的單薄上，她的天地只有他。（頁七、八）

漸漸地，愛笑的費敏，背著他，再也笑不出，當著他的面，依舊容顏燦爛。她疼到他錯了也不肯讓他知道以免他難過的地步。費敏在日記裏寫著——「都沒有用了，他雖不是很好，却是我把握不住的。」費敏的明淨透徹，更加深她自苦若是的悲劇性格。她根本不願將泥陷的一隻脚拔出，她明知就快覆頂。

更重要的是，他是她所有的第一次。她的初戀，她的初吻，她的初夜。那是揀盡寒枝不肯棲的第一次，非同於蔣曉雲《驚喜》中女主角的第一次⑧，也非同於李昂《莫春⑨》中女主角的第一次。

在日記裏，費敏沒有寫過一次他說愛她的話，但是，他會沒說過嗎？卽使在他要她，她給他的情況下？費敏是存心給他留條後路？他們每次的「精神活動」不能給他更多的快樂，但是，他太悶，需要發洩，她便給他，她自己心理不能平衡；實體的接觸，精神的接觸，都給她更多的不安，但是，她仍然給他。（頁十八）

他是個自私的男人，一方面和舊日女友藕斷絲連，因她實在漂亮（他崇拜她的美，一如崇拜父親的名聲）；一方面又捨不得費敏所給予的奢侈寵縱。

> 費敏只是他發洩煩悶的對象，他家人都是一個模子：
>
> 過農曆年，費敏和他一起回他家去拜年，那天，他們家裡正忙著給他大姊介紹男朋友，他祖母仍病著，在屋內愈叫愈痛，愈痛愈叫，家裡顯得一無秩序—她被冷落在一旁…她一個人走出他們家，巷子很長……費敏一直很羨慕那些脾氣大到隨意摔別人電話，發別人瘋的人，戀愛眞使人失去了自己嗎？（頁十八）

他的家人，習慣了將痛苦發洩出來。他呢？在父親名聲壓力下，掙扎的很苦；在女友李眷佟的壓力下—「她太漂亮，或者她太不同於一般人，我跟不上。」（頁七）—很累。費敏的無私，情到深處無怨尤的情懷，成了他最好的避風港，但他根本不在乎費敏的感受，就像他家人根本不知敬客的道理，他們最關心的是自己。可以看出，兩人出身及生長環境的不同，造成不同的性格。他崇拜高高在上的父親，一如他戀眷漂亮的女友，他看到的都是世俗的、外在的，如果費敏有個顯赫的家世，則去他家拜年，所受的待遇將不同吧！可惜費敏明淨的性格，看得出人世的虛僞世俗，却無力去逃避。

《紅樓夢》上說：「滿紙荒唐言，一把辛酸淚。」這荒唐二字最能道盡費敏的一意孤行的悲劇性格。費敏的荒唐是連她陪了性命都不肯在日記裏留下一句怨言。

樂蘅軍在《浪漫之愛與古典之情》一文中⑩，認爲浪漫之愛乃訴諸感性而不參加任何理智認知活動，若再加以意志來驅策愛情的話，大約總難免一個毀滅。樂蘅軍又指出《紅樓夢》裏尤三姐愛上唯我獨清的嫉世主義者柳湘蓮（他的物評是「冷面冷心」）及霍小玉愛上李娃兩個例子爲悲劇的誕生。但是費敏的以志率情，更加驚心動魄，因爲她看得透徹，她完全是心甘情願，所以自殺後也不肯在日記裏留下一句怨言；不像尤三姐及李娃，她們看不清所愛男人的眞面目，所以後來哭哭啼啼的要求公道。

夏志清認爲，時代變了，眞實生活裏聽不到繾綣情深的癡情故事，故臺灣當代小說中亦缺乏描寫男女相悅之情的故事。⑪難怪陳樂融認爲《陪他一段》奠定了小說裏女性在「救贖」中的正面意義。⑫

臺灣當代小說中，描寫男女間的愛情，最出名的幾個女作家中，蔣曉雲道的是「無情」，「自私的男女」，「明哲保身的愛情」，施叔青的「俗氣」，李昂的「惟性」，朱天文的「年輕的愛」，「幼稚的愛」。費敏的出現，無疑是個異數，令人想起有這麼一句話：「頓覺女子一生華麗深邃，其不可測猶在生死之外。」，馬叔禮形容他對費敏的感受是：「心嚮往之」⑬每一個男人都會對費敏心嚮往之，偏偏她愛上一個不懂得珍惜她的男人。

福斯特在其《小說面面觀》⑭一文中，提到愛情小說之所以最受歡迎，乃因愛情如同金錢、權力、死亡等更是試煉人性最佳媒介之一，人性經此試煉或昇華，可以收清滌心靈或人生借鏡之效。

我但願女孩勿效法費敏。白梅在當代小說中具有「救贖」的意義，這點我在第一章《臺灣當代小說中的風塵女子》中已詳加探討。但白梅的「救贖」乃因她美好神跡式的遭遇，她的「重生」；費敏「救贖」的意義，來自提昇了工商業社會墮落的愛情及男女的降低的人格，方法却是「死亡」。要知，《浮士德》中的永恒的女性是不死的；費敏在我們心中亦是活的。現在的年青人，已不會看了《少年維特的煩惱》而自殺的，我亦無須庸人自擾。這畢竟只是蘇偉貞的愛情觀：「愛情不是人生觀，也不必深藏哲理，更不必埋怨，談得再多，它祇有四個字——心甘情願。」⑮

三、

離《陪他一段》發表二年之後，即一九八一年，蘇偉貞推出了八個短篇小說。這裏只涵括《邱比特新記》，《二場》、《不老紅塵》，《感情角色》四篇，來研究她的愛情觀已明顯的蛻變，她對愛情仍是一貫的「執著」，但是已由「癡」的層次，變為「淡」的層次。

費敏的「癡」，痛苦但是單純，因為她專一。「淡」的層次看似痲木及簡單，實則危機四伏，充滿了男女間複雜的鬥爭。

季季曾指出：

工商業社會的特性是講求效率，不斷面臨新的競爭對象，稍有失策即可一敗塗地。……在長期利益相互追逐下，不只人的情緒緊張，心靈也更孤寂。過去男女雙方慢慢交往，觀察，定情，結婚的步調，在他們看來是太麻煩，而且也不一定勝算。⑯

蘇偉貞對工商社會特質的體認，表現在四個短篇小說中，受過高等教育的男女，以冷靜淡然的態度面對「愛的闕如」。如果說張愛玲反覆吟唱的是「不幸的婚姻」⑰，蔣曉雲以嘲弄手法刻劃身處的「無情世代」及「自私男女」，但採取「行雲流水式」的愛情觀，安於沒有愛情只有溫情的婚姻。⑱蘇偉貞則以陰鬱的低調，一針見血的字句，反覆訴說「愛的闕如」如暮鼓晨鐘欲敲醒現代男女思考愛的眞義。更不屑沒有愛情的婚姻。

八十年代的臺灣，兩性關係發展比以前更開放，密切。然而女性在生理先天差異及倫理道德、傳統觀念負擔下，雖然爭取到了「平權」，並不表示「平等」。開放的兩性關係反而突出女性受侵擾的機會，減少了受保護的一面，因而女性在爭取終身幸福及尋求伴侶的路上，反較以前更崎嶇、風險。加上八十年代臺灣社會女多男少的形勢，造成大部份男人的自私及自大。

夏志清曾把臺灣當代小說中自私的男子約略分爲二類：「明哲保身式」及「侵略式」⑲。

蘇偉貞筆下的男子兼而有之。

《邱比特新記》，題目上已見出現代男女百無禁忌的速成愛情。小說中的女主角，大學畢業已兩年，未婚夫在外島服役，來信漸少。她每天千篇一律的坐公車上、下班、單調的生活著。有一天，在車上被一位「侵略式」的男子纏上，看出她的無聊，勇氣十足的，有一句沒一句的撩撥她，一如吳翠遠（《封鎖》⑳中的女主角）發了場短暫的愛情夢。她略有些心旌動搖，終於，和他蕩了一天，看了場電影《東京假期》——一個王子和導遊小邂逅的傳奇，更加强了男主角的「勇氣」。

電影最後，導遊小姐和王子錯身而過，他看著她，她看著他，都懂了，天啊！二個生活背景完全不同的人，可以是那麼沒有界限，電影中，王子對導遊小姐說：「我明天走了，妳今晚不要離開我好嗎？」他伸手來握她的，她連頭也不敢轉，心却跳的厲害。（頁五十四）

掙脫男女傳統束縛的禮教，單就「性」方面，是不是爲男性提供更多不負責任的藉口？果然，電影散場後，

他伸過手有一下沒一下的捏著她……突然道：「今晚不要回去好嗎？」她轉頭看著他，他一副沒講什麼話的表情，嘆了口氣，她說：「你的道德觀念很怪。」「妳想到什麼？」

有那麼複雜？」「希望如此」她不想爭辯，這不是誰打倒誰的問題。（頁五十六）

女主角歷經了這場風險，沒由來的想笑，「妳連一場沒有結果的戀愛也不敢談。」誰敢談啊！男子要的無非是「性」，第一次見面就提出性的要求，令人重溫曾寶英《鴛鴦記》㉑的悲哀。蘇偉貞筆下的女性，理智且保守，她說：「我自己但願心理到—生理都很乾淨，如果有一天我面對我先生時。」

雖然理智，我們還是看到她的「惶恐不安」，她已許久沒接到未婚夫的甜蜜情信。雖然她說：「我討厭透了這種速成愛情，我的愛情是不廉售的。」他說：「不能一點點加起來嗎？」她遲疑著，也不敢肯定了，咬咬牙：「不會。」她擔心自己的兩頭落空。蘇偉貞將女性面臨男少女多及適婚年齡的不安，以深刻的功力表達出這種心理。

到處是「性」的陷阱。《感情角色》中的吳要的是新女性的身體，而非她們的愛情。

他（吳）儘做些不道德的事，舞會上，很快便跳成三貼，第一次見面也能把人帶回家—上床。他甚至把和女孩子之間的激情講給我聽，讓妳聽的不能說什麼—無言以對。

我背過去講給惠齡聽，她總是切齒罵道—豬。（頁一〇六）

《二場》中的男主角，一天到晚對著女朋友說：「好累！」競爭劇烈的工商社會，明哲保身最是省事，令人無力去愛，痲木不仁。

他坐在那裏，十足性情中人，既不討好任何人，也不傷害任何人，可是成嗎？那樣的單獨，誰能跟自己相戀，又不是水仙花症。（頁六十七）

人與人之間隔離愈大愈是孤寂，男女之間更應相濡以沫，而非互相排斥。但是，誰有時間，精力、智慧來細心經營現代複雜的愛情心理？「要愛就要快，否則來不及了。」他說：「愛嗎，需要什麼大前提？」典型的現代男子，生活已磨平了他們的心靈。

《不老紅塵》中的邢仲，一個結了婚的男人，和曾宇了斷孽緣後，也只能說：「以後我負責管好自己，其它就沒辦法了。」（頁九十六）他說：「不懂婚姻是什麼？」所以他也無須離婚，他安於這種「不求甚解」，他說話的那種平靜的語氣，叫人害怕，他無視於曾宇受創的心，令曾宇覺悟到他是「沒有心」的男人，「明哲保身」的男人。

面對男子的自私懦弱，蘇偉貞筆下的女性，已擺脫了費敏的癡情，她們不願做愛情的奴隸，對婚姻也保持冷靜懷疑的態度。

像《二場》裏道破，兩個太飽滿的懷抱，怎麼容納對方？男的問女的：「想過我對妳有什麼用？」女的心想：「有什麼用？拿來快樂還是立業？還是做成那樣的目標—終生伴侶。」

《不老紅塵》中的曾宇，受了愛情的創痛，有感而發：「我自己也懷疑，像我，親情友情都不缺，工作也好，有時眞不了解要愛來做什麼？是吃呢？還是穿呢？」（頁八十九）

她們都相當的獨立及冷靜，但是無疑的，仍相當的傳統，每個人或多或少對眞愛的肯定，雖是微弱；不像施叔靑筆下的女性，新潮大膽，受「物慾」及「情慾」的支配。若說蔣曉雲的愛情觀是「隨緣」㉒，蘇偉貞的則是「執著」。因爲執著，故小心翼翼，不肯潑灑半滴，她們的冷淡，實則內含深沈的眞愛，她們是寧缺毋濫。傳統的嫁雞隨雞，有緣卽是愛，蔣曉雲肯定，蘇偉貞否定，她毫不放鬆的要求有眞愛的婚姻，她的失望，表現在小說中，是無關絕情的冷淡，她以低溫冰涼的調子，比譴責還刺痛的質疑——變愛，祇是因緣際會嗎？

對現代人來說，愛情如遊戲，一認眞則萬刼不復——尤其是女性。

《感情角色》裏的女主角覺非，負笈北上唸大學夜校，白天上班認識了吳，在她蒼白單調的日子裏掀起了漣漪。吳的生存背景和覺非大相逕庭，她來自父慈母愛之家，而吳的母親離開了他父親，留給他們一個髒亂的家，所以，「他像完全撒散在天空下的蕨類，有空氣就能活下去，騎了部一五〇CC的摩托車，跑起來速度像飛機。」（頁一〇四）一個工商業社會中典型的精明投機男子，「他那副張狂樣，教人怕傷了他，有頓好揍。」（頁一〇五）但他神采飛揚，囂張的氣勢，加上背後的故事（不正常的家庭），自有敏感及苦中作樂的一面，令到單純的覺非，有時情緒高漲，難免被他吸引住。

對吳來說，除了金錢，任何事都會變質，他濫交，不相信愛情。認識了覺非後，感覺到她的清純與優點，他說：「妳是我唯一帶回家沒碰過的女孩。」但是也只能如此：「抱歉！玩不起！」，「我不能給妳任何。」

一個是逃避愛的艱辛，一個是欲窺視人間世的是是非非，他們互相牽扯著，蘇偉貞描寫他們如何打破僵局，鬆開了防禦的一段，傳神而令人動容。

> 閉上眼，台北的陰雨在窗外印著，幾個月來的膠著、拉放之間，把我們感情綳成了一條線，除了走上，別無他途；坐在電話旁，熄了燈，我像在等待自己也不認識的果陀。午夜過後，電話響了，鈴聲跳在夜裏份外不寧，像有什麼大事要發生，我遲疑地，終於抓起話筒，我們彼此沈默著，他說：「覺昨是而今非」，那是我的名字，我想笑，却流了滿臉淚，情緒突地跳在五線譜上，橫加一線，高昂的讓人想退出，但是，最悶的狀況下，反而不能，不能把擋在眼前的阻礙推掉，豁然開朗的一顆太過尷尬，而吳，無力迎接，此時此刻，那頭他喝多了二杯，漫無頭緒的找依靠，無休無止的講開了，點起了海上廣漠深寂的一盞燈火……。（頁一〇六）

這二百多字，情感的收縮，節奏的緊湊，意象的鮮活，讓人佩服蘇偉貞遣詞用字之功力。它的高等情調和張愛玲《傾城之戀》中范柳原夜半打電話計誘白流蘇有異曲同工之妙。兩個女人都受感動了，一個想笑，却流了滿臉淚；一個不知為什麼，哽咽起來。無他，只因深夜易使人交心，掏心。但是，兩個女主角都屬於理智、冷靜型，知道瞬息的感動，不能保證任何，夜晚的一切，只是個夢境，地下道的愛情，見不了光。所以流蘇能抗拒淺水灣的月光，覺非能抗拒台北的燈火。

覺非耐得住寂寞，離開了吳及他那份殘缺的人生，但是，有多少男女耐得住性情？「……但是，他（吳）確實是這世界上的存在體，教會了我許多的是是非非。」何謂「是」？何謂「非」？其實吳並未教導覺非任何是非的人生道理，是是非非一早存在她心中，這是蘇偉貞筆下女主角的共同性——知性的，有教養的。吳只是一個剛踏入社會單純女子將見到的「千奇百怪錄」之一。

男女出發點的歧異，造成女性的不安，他們的戰爭，尚未開火已勝負分明，受挫受創的心靈已成爲她們的標幟。有多少女性耐得住性情？就算變成曾宇那樣，一副凜然天地理直氣壯的本色，不再談「愛」就眞的安全嗎？

《不老紅塵》中的曾宇，受到愛的創傷，心灰意懶，曾打算隨便找個人嫁，實行「精神自殺」。費敏不死，大概就是這個樣子了。再卑賤的生命都有它的尊嚴，蘇偉貞已淡出情感的「癡」的層次，所以曾宇終能自救，不以嫁人來作踐自己，却透露出巨大的哀淒與無奈，答案只在茫茫的風中？蘇偉貞反映的世界令人不忍面對。

曾宇，「把所有大隱於世的拓達掛在嘴角，有人說美的是—男人的落魄，女人的溫柔，她都有。」她的落魄因眞愛難尋；安靜溫柔是經過大風大浪仍挺立後的通達與無爭。她的無情正是深藏大愛：

「梅花知己，明月前身。」曾宇只是這樣晶瑩剔透嗎？這麼混沌的世界，爲什麼她還這樣？那麼强，……世界太大，需要花多少時間，毅力，才敢確定那人眞正是你的？

（頁九十）

曾宇是外在經濟內在心理都能自立的新女性，將人生看得太透徹，她的「一無所求」，乃因眞愛難尋，「我還是要這種巨大冲擊後的平靜吧，永遠的死寂。」她的孤寂已成了習慣，曾宇拖著費敏長長的影子，二人都是充滿悲劇色彩的人物，蘇偉貞有意藉她來肯定對眞愛的堅持，同樣具有「救贖」的意義，是女性精神提昇的象徵。

和曾宇比較，蔣曉雲《閒夢》中的范倫婷無疑人性的多㉓，她哭哭啼啼的向分了手的男友抱怨耗盡的八年青春，她多少後悔，若是當初肯和男友上床，或有個小孩，今日的局面多少不同？李昂《莫春》中的女主角倒是因爲上了床，得償所願嫁給心目中理想的對象，雖然心中知道對方已不愛自己了。這樣的婚姻是蘇偉貞所不屑的。但是，到底誰得誰失？任一時代，任一種生活型態都有它的缺陷，哭訴完後的范倫婷，大概也像《姻緣路》㉔中的林月娟勇往直前爲「姻緣」而奮鬥，「現在愛情是跟在她後頭跑的累贅，她來不及等它了。」，對這些女子來說，婚姻也就是她們的事業及享受。

社會上多的是這類自私的男子，也難怪她們急著尋求婚姻的堡壘。許家石《一九七二年的冬天》㉕男主角因臺灣社會女多男少行情看漲易得優勢而左右逢源，有「下流的機會主義者」段曉玲，「胸脯大的可以拿去冬令救濟」的俞美娟，自炫「用牛奶洗澡」的岳秀瑩，以及「一雙美腿可以拿去銀行抵押」的業娟娟……，有這些女人投懷送抱，難免對愛情不認眞，不負責任。「愛上對方的靈魂是最壞的習慣」，這些男子要的無非是肉體，《陪他一段》中的雕塑家，《感情角色》中的吳，《不老紅塵》中的邢仲，有什麼不同呢？曾宇的靈異，註定要一世孤寂了。

高全之《張愛玲的女性本位》：

> 張愛玲注意到種種社會現象，但是歸納原因與尋求改善之法時，顯得混亂……這種迷惑在她故事裏的女性身上從未出現，她們根本未嘗思考整個問題。張愛玲的人物大都缺乏深遠哲學性思辨能力的習慣……。㉖

張愛玲，蔣曉雲小說中的人物，屈服於社會傳統的觀念，爲了婚姻而失去自我。施叔青的人物，根本將婚姻當兒戲，那些結了婚經濟獨立的女知識份子，隨便和男人上床，貪圖肉體與物質的雙重享受（少了一樣都不行，會悶悶不樂的），也無須思辨的能力，能夠於醉生夢死的生活中有一絲絲的反省已不錯了。蘇偉貞的人物，她們何止具有深遠哲學性思辨能力，她們簡直是TOO CEREBRAL（頭腦過分發達）。比起六十年代的汪佩琳（馬森《夜遊》中的女主角，亦是頭腦過分發達的女知識分子）㉗，曾宇無疑通徹明淨的多，當然，時隔二十年，女性已由不斷的摸索、失敗中成長過來。

四、

一九八一年後，蘇偉貞陸續推出許多短篇小說，探討的幅度更廣，有人際關係之崩離，人性的多變及深處的悸怖不安，生命的根源……等，見解深刻透視曠達，無疑是個具有嚴肅思想的小說家。由於主題關係，這裏研究她一九八三年的兩個小說《世間女子》及《人間有夢》。

又隔二年，蘇偉貞對愛情的執著，已由「癡」、「淡」的層次，蛻變爲「釋」的層次。「衆裏尋他千百度，驀然回首，那人正在燈火闌珊處。」曾宇的「淡」是因尋不到眞愛。但這兩篇小說，由於出現了光明磊落的男子，而使兩性黯然的愛情路上出現曙光，甚至出現才子佳人式的大團圓。女性至此，如果說從愛情中釋放出來，不如更是從生命的團結（OBS

ESSION）中釋放出來。

回觀蘇偉貞筆下的男女，沒有一對走上姻緣路，除了《情份》㉘中的平慧，認命的嫁了個自己不愛但父親中意的男子。蘇偉貞對這段沒有愛情的婚姻，字裏行間顯然不甘心。而對《世間女子》的姻緣路，却是心甘情願的。男主角段恒，簡直是完美的化身，他，磊達，負責，有情趣，他無視前任女友的美貌、家財，愛上有內在美的唐寧，也不接受藕斷絲連的樂趣，比《陪他一段》的他高貴且自信得多。因此，故事反而單純的多，同性之間的轇轕代替了兩性之間的糾纏不清。

徐烈晴，段恒的前任女友，長相、身材、談吐、打扮、家世、學位、全都一流，但聰明有餘、智慧不足，最恨別人比她好，又見不得比她糟的人，喜歡蹧蹋人。唐寧也是自信，但屬於謙虛感恩的成份，性格坦蕩大方。余列晴難忘舊愛，不擇手段想拆開她和段恒及打倒她的事業。這篇小說呈現給我們的危機，不是單純第三者的破壞，蘇偉貞要表達的是，當生命上、事業上、愛情上的危機到來時，現代女性的堅强、冷靜、通達太重要了。蘇以慣有的無奈低溫的調子，尖銳地思索著生命中的危機，叫人隨著她的文字，時而無奈，時而潑辣，看似矛盾實則統一的體會出她欲表達的信念—愛，不是依靠，而是繫念，付出愈多就愈快樂，更應一無所求。多麼違反傳統女性對愛情的看法。愛必須自給自己，現代的才人佳人，愛情順利，但是任何一方自餒，危機立刻四伏。

這已不是愛情觀，更是人生觀，永遠的危機四伏。唐寧雖善於應付險詐的勾心鬥角，但性格上有著鑽牛角尖自尋煩惱的缺點，很容易在鬥爭中受創，外表上雖然是勝者，但內在是個隱者，眞能超越物外？一旦墮入凡塵，眞能不染塵？她的辭職、也只能暫時的不染塵，她還是要回到那個她喜歡的世界，「有喜怒哀樂，悲歡離合，陰晴起伏；願意頭破血流，即使以她看不起的手法。」（頁一〇七），更重要，她有段恒，她「不再密封」，她可以釋然地接受這五光十色的世界。唐寧是幸福的，她有段恒，她有段恒，可以和她在八十年代險詐的工商社會中並肩作戰，面臨現代女子的危機四伏而挺立下去。我們希望，費敏，覺非，曾宇，都一樣幸福就好了。但是，像段恒這樣的男子，世間又有幾個？

《人間有夢》比《世間女子》複雜、曲折的多，雖也是才子佳人，但性格的差異，沒有大團圓的結局。因爲男主角傅政，雖也磊落積極自信，但缺乏女性最注重的「情趣」與「細心」，別忘了，段恒是有的，令到高品晨猶疑不決，生怕愛錯了人。再者，兩個情敵，即兩個女主角，不是《世間女子》的正、反兩面，易於劃位，而是各自優點與特色，讓傅政舉棋不定，增加了人物及心理上的衝突，而懸宕起伏，處處牽動人心。這篇小說，除了探討性向與愛情的關連，更深一層指出社會上的磨鍊可以令人走向更成熟的愛情人生，將愛情提昇到更高的一個層次，讓人嚴肅的思考「愛情誠可貴，生命價更高」的意義。

《人間有夢》中的高品晨，有著蘇偉貞女主角一貫的性格。一朵出塵的蓮花，落入凡塵，又不能眞知凡塵中的份位，眞參與人世中的繁華，偏偏做的是複雜的電視台助理導播的工作，但她的與世無爭並不等於無法與現世相涉，她冷靜、理智、工作效率高，可以坐在亮處氣勢逼人，講話亦可句句中到要害，才氣夠，性情好，性格與工作上相互矛盾，又有著自古知識份子對生命解不開的團結及歸回田園的情意結。她說走就走，辭了千萬人爭的頭破血流的工作，回到鄉下老家欲解開心中的困結，更以爲鄉下生活較適合自己。「品晨實際上像以前的人，敦厚，純樸，直諫，易感，連表達激動的方式也是沈默，偏偏在電視台做事。」（頁二十六）

傅政是她多年同事，兩人情感發展順利。傅政對事業積極且自信，剛直凌人，公私分明，好壞有準，對生命物質則清心寡慾，品晨覺得他可以溝通，最欣賞他的氣勢。但傅政缺乏情趣，對工作强烈的參與感，有時令品晨認生，基本上，他們不屬「同類」。一個出塵，一個入世。

「品晨的冷靜，時常讓傅政受不了，他甚至希望她類型化一點，尖酸，刻薄，歇斯底里。」（頁二十三）現代身負重任的職業婦女，她們的冷靜及理智，對男子往往造成威脅。傅政希望品晨單純些，强壯些，加上一點愚癡。

品晨離職後，傅政認識了新來的女演員楊亭，由一開始的輕視（因爲她欲請他吃飯，他誤解她欲用美色爲事業奠基），到後來的了解與憐惜，讓傅政無法因品晨而抹煞這份情。楊亭與高品晨完全不同，「她像一份混沌太初，品晨是形而上的，楊却深具人性，高注意自己的思想、性向，楊却有太多喜怒哀樂，是個活生生的人。」（頁三十九）

楊亭與傅政較相似，二人皆積極的爭取一切。楊與父親相依爲命，蘇偉貞讓我們看到兩個好女子，一個是受過高等教育，清雅、脫俗；一個是未受過良好教育，爲生活掙扎，有著挺立風雨中的韌性。

楊亭，積極好學，且不受電視台腐敗的生活影響，環境逼人，「生命裏，總也有甚至修伯特都會無聲以對的時候。」這句話是王禎和最喜歡用來形容他筆下小人物的悲哀，這裏用來形容楊亭的處境亦是恰當。她必須和惡俗的導播程挺上床，且忍受他的謾罵。她適應的快，以驚人的速度成長，愈來愈練達、豁然、積極，演戲生涯如日昇天。傅政完全了解她，但却無法了解品晨這類女子。

費敏、曾宇、唐寧、品晨，都是同一類人，她們對愛情，對生命的「執著」，環顧臺灣當代小說中的衆女子，根本是「異數」。劉紹銘認爲鍾理和小說中的台妹，是當代女子中的「異數」，因爲台妹爲了丈夫及家庭可以吃盡人世間任何痛苦，劉認爲這種女子也只有古老的社會或五十年代的臺灣才存在，而現代的女子，個個或多或少有著「包法利夫人」靈魂。㉙這裏我仍肯定八十年代的社會不像五十年代那麼貧窮，女子並非一定要和丈夫「捱窮」才算偉大。七、八十年代的女子能夠不受浮華社會的汚染，且對愛情、生命有領悟，或對社會、國家有貢獻，已是當代小說中的「異數」了。

品晨在鄉下老家東港，認識了避世的富家子沈庭敬，他研究哲學，品晨和他就如鏡子的兩面，但比他明淨，一開始，品晨誤認他爲同調，勾起內心一絲漣漪。一如《紅顏已老》（蘇偉貞的中篇小說）中的章惜，誤認余書林爲同調，虛耗八年青春，嘆盡人世情苦。㉚傅政來東港看品晨，令她看清了沈庭敬的與世無爭，並非來自品性的淸塵不染（品晨自己則是），而實來自生命的封閉懦弱。品晨啟悟的較章惜快的多。因爲她有傅政可以拿來比較。沈的明哲保身，功利主義下的產物，愈發顯得傅政的坦蕩無私。

沈庭敬及余書林皆是無力去愛的自私男子，他們實質上荒涼寂寞的生命，却披著孤卓不羣、與世無爭的外衣，往往令女子憐惜，却不知這場愛情路上，只有永遠的付出與痛苦，而收不到任何回報，反倒是傅政這類爲工作衝鋒陷陣，外表「粗俗」的男子，更懂得愛人的道理。

沈庭敬的沒有膽識，表現在喜歡品晨，但在沙灘上撞到她和傅政，直覺的反應却是：「

閒淡地打了招呼，這種利害關係他領味多了，早學會了明哲保身。」（頁八十五）他卽刻驚覺自己的沒品，「感情之事也可以歸納功利主義，他幾乎瞧不起自己了。……他這樣獨自，彷彿誰也沾不上身，沾上了，也祇是寡情，滿懷清風而已。」（頁八十六）

但他又要招惹品晨，不明不白，若有若無地玩著「此地無銀三百兩」的姿態，令到樸直的品晨反感愈深，無視於他外表的淸雅，飾服的名牌（品晨和方月—施叔青《窰變》的女主角，這點是不同的女子），品晨洞察他的內在是懦弱，無能，寡情，明哲保身，直接地諷刺了沈幾句，沈是個自覺能力很高的男子，「…但是，自己的低能，他是愈來愈知道了。『我們家敎了我一輩子昧了良心，最好沒有自己。』他簡直有點瞧不起自己了。」（頁八十五）

深根蒂固的性情，雖有了自覺，却無力進一步去改造自己，蘇偉貞對沈庭敬的譴責比對《紅顏已老》的余書林來的深些，余書林的病，乃因他的太太離家出走，才驚覺自己對她的陌生，對章惜的隔膜，及本身生命的蒼白、懦弱；他的病，點醒了自己，也點醒了章惜。沈庭敬的自殺，亦點醒了品晨，自己能一輩子待在東港？如此的不染塵，會不會是禁錮？

傅政的掙扎更是劇烈，兩個女人都令他無法拒絕。品晨的寬容、通達，表現在當她知道傅政心中有了另外一個女子楊亭時，品晨心想：「祇要他活得好。」傅政曾爲了逃避這份掙扎，求品晨嫁給他，品晨拒絕了。她看得通透，只要人有一絲自餒而想藉助於他人之愛來支持，只是一種逃避，更會削弱他獨立的自信及愛人的能力。

楊亭和品晨剛好相反，楊是外顯的剛韌，品晨是無欲則剛。楊主動的約會品晨，想盡方法打敗她，她清楚自己爲了得到傅政，一定要不停地戰鬥，竟忘了品晨是一無所求，連見她一面都不想，品晨不爭，楊亭猛爭，傅政更是爲難。

品晨亦變了，以前她以一種超然物外的心態觀看電視台花花綠綠的人生，覺得滑稽可笑。現在，經歷了歸回田園意情結的解開，再回到電視台工作，「不停地遇見人，仍然是那樣花花綠綠，像各式玩偶出籠，品晨再也不覺得好笑，多麼嚴肅呢！」（頁一一九）她是愈來愈健康可喜，適應繁世了。

作者安排傅政被公司派出國深造一年，解開了這緊張的局面。傅政變了，他似乎對許多事都不在意了。「他們對生命都無能爲力，但求做好。……如果眞對付不過去，就讓它變成命運吧！命運總有好有壞，誰也不必死心。祇要活著，總也有權利做夢，又何必決定做什麼夢呢？」（頁一一九—一二〇）

蘇偉貞通篇要探討的問題，和馬森《孤絕》㉛裏的小說要探討的相同的。馬森在《孤絕》的代序中說：

我們這個時代，…在整體社會勇邁直往的大步中，却感到個人的怯懦不前；爲身邊瑣事做出深思熟慮的安排時，對人類的前景感到心勞力拙無能施其腦力。繁華與荒瘠，勇邁與怯懦，深思熟慮與腦力貪弱形成了這個時代個人生活中相輔相倚的兩種面相。㉜

龍應台評《孤絕》：「他（指馬森）對社會人性的洞察使他思想深刻，……急切的想傾吐這些抽象的思想，小說輕易成為腦的遊戲，剖心的工作。」㉝，這可話用來形容蘇偉貞的小說亦是恰當。我在前面已提過，蘇的小說中的女子是「頭腦過分發達」（TOO CEREBRAL）。

但是，馬森的小說，過份注重思索，用腦，卻嫌血色不夠，他的哲理用吶喊的方式表達，往往過耳即逝，這些缺點是蘇偉貞沒有的。而對於人生無奈，時光流逝，現代人的徬徨，我以為蘇偉貞的字句及技巧更具深度，這些只好以後再寫了，因不是本論文的範疇。

張愛玲和蘇偉貞相比較，張的主題較狹窄，張愛玲以「心眼」寫小說，蘇以「視野」寫小說。張筆下的女子妥協於命運，她們不談愛情，張不寫英雄人物，她的人物是「時代的廣大的負荷者」。蘇的女子，隔了半個世紀，她們受過教育，經濟自主、獨立、冷靜、自信、不向命運妥協，她們是英雄人物，悲劇英雄，但是不以物喜，不以己悲。

張愛玲的小說，有著豐富的意象及比喻，動人心弦；蘇的小說，太多的哲理，「令人背脊冒冷汗。」

張愛玲不相信「清堅決絕」的人生觀，認爲「時代是這麼沈重，不容那麼容易就大澈大悟」㉞，所以「看不起人，也不大看得起自己，然而對於人與已依舊保留著親切感」，蘇偉貞的女子相信「清堅決絕」的人生觀，爲了追求「大澈大悟」而終生保持清醒，有絕對的價值觀，「傅政並不是她（品晨）喜歡的那一型。她喜歡什麼呢？恐怕答案也不單純；但是別人的戀愛又建立在什麼呢？有固定的模式嗎？坦白說，他們都不是對方唯一的。傅政對工作的專注和了解，品晨對自我的愛戀，使得感情在他們生命中的份量大減，年事愈長，成色會愈不足。」（頁一一〇）這些女子，曾宇、費敏、唐寧，都太看得起自己。與人的交往，不是生死與共，就是漠不相關，比較極端。

蘇偉貞每篇論文所探討的她的小說，沒有一篇提到「性」。張愛玲的小說有男性性心理，女性性問題，戀母及戀父情結，有著不拘世俗的氣度。蘇一九八四年以後的小說才可見到張愛玲上述的題材。

【附　註】

① 見馬叔禮《心嚮往之—來談陪他一段》一文，收入《中外文學》八卷，九期：一九八〇年二月號。

②見張德模《認蘇》一文，收爲《人間有夢》序。

③見蘇偉貞《書香子弟—陪他一段後記》。

④《陪他一段》、《邱比特新記》、《二場》、《感情角色》、《不老紅塵》，這五個短篇，皆收入《陪他一段》一書，蘇偉貞著，洪範書店，一九八四年九月十二版。

⑤收入短篇小說集《世間女子》，蘇偉貞著，聯經出版社，一九八四年第四次印行。

⑥收入短篇小說集《人間有夢》，蘇偉貞著，現代關係出版社，一九八四年四月再版。

⑦收入《張愛玲短篇小說集》，張愛玲著，皇冠出版社。

⑧《驚喜》是蔣曉雲一九七六年的作品，小說中的女大學生因好奇而隨便玩成人遊戲，令人震驚。收入《愛與罪》一書，李昂編，前衛出版社，一九八四年十一月再版。

⑨《莫春》，李昂的短篇小說，女主角對性的作風及看法及對初夜的隨便，頗爲大膽，令人震驚。收入《她們的眼淚》，李昂著，洪範書店出版，一九八四年七月五版。

⑩收入《中國古典小說中的愛情》一書，葉慶炳主編，時報出版公司，一九八二年十月三十日五版。

⑪見夏志清《正襟危坐讀小說》一文，收入《新文學的傳統》一書，頁二五六。夏志清著，時報文化出版公司。

⑫見陳樂融《論蘇偉貞小說的愛情觀照》一文，收入《中外文學》第十二卷第四期，一九八三年九月一日出版。

⑬同註①

⑭E.M. FORSTER, Aspects of the Novel, Penguin, 一九六二，頁六十一—六十三。

⑮見蘇偉貞《人間的愛》一文，收爲短篇小說集《愛情人生》序，蘇偉貞編，前衛出版社，一九八四年八月一

日六版。

⑯ 見季季《兩性關係的時代抽樣》一文，收爲《十一個女人》序，爾雅出版社，一九八四年九月五日十七版。

⑰ 見水晶《象憂亦憂，象喜亦喜—泛論張愛玲短篇小說中的鏡子意象》一文，收入《張愛玲的小說藝術》一書，水晶著，大地出版社，一九八五年七月七版。

⑱ 朱西寧在《蔣曉雲的小說》一文中，指出蔣曉雲的《隨緣》，描寫沒有愛情只有溫情的婚姻，也並不是一無可取，反而也很可愛。收入《聯合報六五年度小說獎作品集》一書，聯經出版社，一九七七年一月二版。本文多次舉蔣曉雲併提，乃因二人年齡相仿，且都是文壇上老前輩寄予厚望的女作家，她們有迥異的愛情觀及婚姻觀，以女性的本性來寫出兩性關係中的潮流與危機。

⑲ 見夏志清《蔣曉雲小說的眞情與假緣》一文，收爲《姻緣路》序，蔣曉雲著，聯經出版社，一九八四年十月五版。

⑳ 收入《張愛玲短篇小說集》，皇冠出版社。張愛玲著。

㉑ 曾寶英的《鴉鷂記》，描寫鴉鷂（純眞的女主角）幾乎落了水，變成落翅仔（妓女）的經驗，遭遇和覺非一樣。收入《聯合報六六年度小說獎作品集》一書，聯經出版社，一九七八年六月二版。

㉒ 隨緣是佛家語。居家俗弟子僅喫肉邊菜代替茹素，有隨遇而安，不特強求之意。蔣曉雲的《隨緣》中的愛情觀及婚姻觀，一如註⑱，亦即有緣亦是愛。

㉓ 《閒夢》，收入《姻緣路》一書，見註⑲。

㉔ 《姻緣路》乃蔣曉雲的中篇小說，女主角林月娟母性很強，視婚姻爲人生大事，愛情則可有可無。收入《姻緣路》一書。

㉕ 收入《六十二年短篇小說選》一書，林柏燕編，書評書目出版社。

㉗ 收入高全之著《當代小說論評》一書，幼獅文化公司。

㉗ 馬森《夜遊》（長篇小說），爾雅出版社，一九八四年二月初版。

㉘ 蘇偉貞的《情份》，收入她的短篇小說集《陪他一段》，見註④。

㉙ 劉紹銘《時代的抽樣—論蕭颯的小說》，收入《隨筆與雜文》一書，頁五十七。劉紹銘著，正中書局，一九八四年二月台初版。

㉚ 曾昭旭《凋萎於虛無的愛—論蘇偉貞的紅顏已老》一文，收入《文學的哲思》一書，頁一〇七。曾昭旭著，漢光文化事業公司出版，一九八五年二月二十五日二版。

㉛ 馬森《孤絕》，聯經出版社，一九八四年二版。

㉜ 馬森《孤絕的人》，收爲馬森《孤絕》的代序，見註㉛。頁七。

㉝ 龍應台《孤絕的人—評析馬森孤絕》一文，收入《龍應台評小說》，頁四十九。龍應台著，爾雅叢書，無出版日期。

㉞ 張愛玲《自己的文章》，收入《流言》一書，張愛玲著，皇冠出版社，一九七七年六月版。

臺語羅馬字拼音方案之演進及其音韻系統探討

第五章　臺灣當代短篇小說中的女性性問題

隨著社會發展，文化與生活越來越西化，台灣接受西方觀念的影響，逐漸的產生對性的新看法及新的道德觀。而當代作家中，以性爲題材的小說也有愈來愈多的趨勢，從這些小說中，我們可以看到女性接受「性」的洗禮的遭遇及女性對性的態度轉變的心路歷程，而這心路歷程，多少和社會演變有關。

正如李昂於一九七三年發表《人間世》，探討大學生校園內的性愛問題而引起軒然大波，遭受許多衞道人士的指責。但是，她去國四年，一九七八年從美國回台的李昂，發現《人間世》觸及的問題，已被普遍的接受與討論，甚至被一些前衞的學生認爲落伍。這點可以看出社會性觀念的演變。

雖然，「性」給予女性的困擾及壓力愈來愈輕，但是，這是經過漫長的掙扎及爭取，其中的血淚斑斑，是不容忘記的。這裏我分兩個章節來探討三十年來臺灣當代小說中女性的性問題。

第一節　李昂小說中的性反抗

爲何我要用「性反抗」來闡釋李昂的小說？因爲，李昂的小說，給人的感覺，是那麼迫切的欲用性來探討女性在愛情，個人、學校、家庭、社會中的種種問題。她認爲，性是「與自身最有關的一個要素」，因此是「衝破那約定了的社會」的「最深刻的方法」，而在這個女權享有相當地位的社會，却在「性」方面有著種種封閉的，不合理的限制，造成女性在性成長過程中强烈的挫折與傷害，這種現象，令到李昂在她的小說中，往往呈現大膽的性行爲及反傳統的性觀念，藉著性傳達反抗封建社會的態度。而她的性反抗，是知性的，理性的，而非盲目，耽慾的；亦可以說，她的「性反抗」是欲開她心中的「性團結」（SEX OBSESSION）。

因此，李昂亦被封爲臺灣的D.H.LARENCE。（勞倫斯）她十七歲開始寫作，十幾年間，出版了短篇小說集三本及其他中篇小說、雜文等。這裏研究的幾個短篇小說，是她一九七三年到一九八四年間的作品，這十一年的作品，她是站在女性本位來研究這個特定的時空，女性所面臨的性問題。她所描寫的「性的世界」，注重女性性發展的前因後果，在性行爲中，注重人物心理的變化且尋求一種知性的細膩的探討，故深深令人感動，且它的深沈隱晦，帶著女性憂鬱的溫馨或徬徨，我認爲是頗有深度的作品。而非一般人誤以爲描寫性的動作的小說。

戴天在《小說與性愛》一文中說到：

好像有一個不成文的規則，不論中外古今，越是好的小說，藝術成就越高的小說，都有極佳的性愛筆墨。但也應當指出，性愛做爲一個人生層面，尤其是人類處境表現於行爲，思想，或感情最集中的層面，假如眞眞正正是爲了「重視」這種層面，描寫性愛是「理所當然」的，不必大驚小怪。①

李昂小說中的性，就是爲了眞眞正正重視這種層面。但不包括她早期的作品，即《花季》裏一系列描寫性恐懼，性的未知魅力的作品。

李昂早期小說，受到佛洛伊德學說的影響，及類似她姊姊施叔青，受到鹿港小鎭原始氣氛的影響②，以愛、性、疲倦、死亡爲主題，往往呈現混亂如玄學般的思想，或爲存在主義與心理分析而寫的荒謬小說，頗爲牽强附會，和現實生活脫節。但是，一如她的姊姊，這些早期小說中的性主題，一直延續到她寫作的每一個階段，且「決定了她小說中的人物必須在『性』的迷宮裏絕望的找尋出口，以迄今日。」③

由於是絕望的找尋出口，她小說中的男女，有愛必有「性」，沒有愛亦有「性」，藉著性愛來溝通他們之間心靈的隔膜，及藉著它打破兩性之間曖昧關係，因而令到她小說中的「性愛」，呈現出一種絕望的激情與事後的空虛苦悶。由於她運用相當深厚的心理學及行為科學的知識，使得她對性行爲的描寫，注重男女雙方內心的狀況，而不似庸俗不堪的黃色小說。雖然她巨細靡遺的描寫男女的那一刻，只給人强烈性反抗的象徵，反倒充滿了一種橫決的悲哀，她筆下的女主角多數是以苦悶的態度來面對性的接觸。她的性反抗、象徵了女性的自我追尋，肯定與突破，這個過程，由絕望的、迫切的、沮喪的、頹廢的，轉變爲一些價值的肯定，「也許在肯定中仍不斷遭受別的問題困擾—但至少開始確定，才能不斷再遭遇，也才能不一定是荒謬，不全然被打倒的……。」④

以下研究的十四個短篇，分別收錄在《愛情的試驗》⑤及《她們的眼淚》兩個短篇小說集⑥。

《訊息》探討的是「性」與「責任」這傳統觀念的正誤，男主角小哥出國前要了含青的貞操，四年後他回國發現含青仍未婚，雖然他已不愛她，但因含青不斷訴說自己非處女，嫁給任何人都沒有幸福，小哥決定和她結婚，而不顧兩人性格、學識上的差異。

小哥會不會因他的善良，不夠純情與勇敢，反失去一輩子眞正的幸福？他的決定只如

同含青相信「不再是處女結婚絕不幸福」，或可能是一種錯誤的道德堅持。（頁二十三）

這裏研究的問題太大，亦沒有答案。沒有愛情的婚姻多數不會幸福。草率的性，一時歡樂的性，男女却要爲它付出終身代價，「性」眞是一個太值得，太迫切，須要研究的問題。社會上對「處女」仍是非常重視的，含青的堅持，就算是「錯誤的道德堅持」，但人情世故，社會傳統，逼使她堅持下去。

《昨夜》中的兩個男女，在夜雨的小鎭，遠離了世俗，很自然的發生性關係。對女的來說，「能和一男子相知相惜配合的很好在床上似比其他容易」（頁六十八），我認爲這女子的缺點是不夠獨立，太須要男人的關懷。

緊密配合交纏的身體內，存有一份相互的憐愛，也許稱不上情愛，只是一種相惜，在那夜雨的小鎭，兩個單獨外地闖入者，完成彼此最親密的聯結。而對他這樣一個剛離過婚的男人，還有什麼可以是更甚的安慰？以及或該說對她，能有什麼是更確切的關聯？（頁七十四）

這裏，李昂受到勞倫斯的影響，主張「性」是自然的、純眞的、健康的、活潑的，且强調「性」爲拯救機械文明，理性主義所摧毀的人類精神之荒蕪。《昨夜》中的性行爲無非是現代人孤寂心靈尋求慰藉的一條途徑。李昂甚至付與它「救贖」的意義。但李昂亦未忽略男女對性看法的不同，經過一夜的狂歡，第二天，女主角的表現是敏感的、多疑的，易被得罪的，她擔心男的看不起她，竟然想到「自願爲娼」四個字。而男的，一反常態的沈默寡言，叨叨訴說他昨晚感受到的慰藉及强烈的珍惜對方，至此，女的才「心中滿懷幸福」（頁七十四）

但在《昨夜》中，性愛並未達到完整的救贖，因爲，兩男女在回程中，穿越濃霧中的北宜公路，仍然是不能預知未來將如何的一種心情。男女之間關係的和協及溝通，並不可以藉性愛短暫的契合來彌補，內裏相當複雜，包括了出生、成長、教育、遭遇等種種經驗，李昂筆下的女性，過份的在精神上依賴男性，她們性的主動的給予，其實是精神上過度的依賴男性，而非肉體的。所以她的女主角，每一次的做愛都不是極快樂浪漫的情況下進行，而是在一種矛盾、苦悶、好奇、虛無，或具有某種自我追求甚至「自棄」的心理下進行。往往令人錯覺，那動作的蠕動，亦是女性成長過程中的蠕動。

《莫春》中的唐可言，由於欲開啟性的神秘及恐懼自己女性的功能（這是少女普徧的恐懼），將貞操給了她不熟悉但認爲「安全」的男人，如此的輕率，令到對方懷疑她的處女。而這醜陋的旅舍就是她奉獻貞操的地方，和她想像中豪華大床完全相反，難免心緒黯淡，直至男方因看到血跡才相信她，她才「輕輕淡淡的笑起來」。

李昂藉著「醜陋的旅舍」「草率的性」來象徵貞操觀念的轉變及做爲她性反抗的工具。但她亦留意到女性所受到的挫折。唐可言因她的輕率而自取其辱（對方懷疑她是處女），但她雖隨便又在意別人的看法，因事實上她是處女，仍是尊貴的，她是爲了「尊貴」的理由而放棄「處女」。性對一個處女的神秘感，加上她本身經歷產生較强烈的性團結（她童年的經歷及成長階段中同性戀的傾向，這些李昂都有詳加探討），及社會傳統觀念的轉變，令到不少少女不再珍視貞操。

根據佛洛依德學說，男女在青少年成長階段多少有同性戀傾向。李昂的小說《回顧》就是探討此一問題，多數來說，她們成熟後，這種傾向就消失了，這是少女成長過程中的共相。

他們之間性愛的關係一直發展下去，却因其他方面缺乏溝通，始終令女方悶悶不樂。雖然性愛的歡樂令唐可言感覺「達到眞正的完滿，以及可以是一種救贖」，但當性愛的樂趣因日久而減低後，她離開了他。最後，男方要求和她結婚，這只是他尋求逃避的方法。當唐可言欲和他深入探討兩人之間的問題，他就趕快說：我們結婚吧！那是他唯一可以解決的方式。

現代人之間的疏離，牽涉甚廣，李昂亦承認她犯的錯誤：

這樣的小說在我們社會所可能有的反效果……它缺乏正面意義可能會導至的破壞力。……我沒將小說中的男女很明確的來做一種社會的縮影，我不曾交待兩人身分背景，只讓他們以性為特殊課題，以此來尋找他們沮喪不滿的根源……。⑦

因性愛而造成的依戀是眞正的愛情嗎？所以唐可言卽離開過他一次，就算結婚後，亦可能又分手。只要兩性關係處在不明朗的層次，肉體結合而心靈分隔，在這變遷的世界，有什麼可以肯定的？李昂小說中的女性，在享受肉體的高潮中喟嘆、流淚，但高潮過後，却有著「性的迷惘」下的挫折感及自創感。她們清醒時，多不快樂。

爲什麼我們社會會產生這種病根，這種迫切的想要藉性來解決問題的矛盾？李昂沒有給我們答案，只是忠實的反映這時代的思想及社會上無法溝通、面臨困境的男女。

夏志清在《愛情、社會、小說》⑧一文中說：「我們生活方式受美國影響太深，可能會全盤美化，那時候的現實可能同樣有趣，但是我們的小說家不再能觀察到禮教社會的特性……。」這篇雜文發表於一九五七年，二十年後的李昂的小說正給他說中了。時代演變太劇烈，人類太容易迷失，而能保持艾略特（T.S.ELIET）的淸醒的小說家畢竟太少，他的劃時代名詩《荒原》，對當時美國「失落的一代」的戀愛行爲，深刻指出其精神價值的缺乏。而李昂終於無法尋找到性愛所帶來的「完整的救贖」。

《人間世》及《誤解》對殘留的封建體制提出强烈的質詢。《人間世》敍述一對男女大學生在學校宿舍發生性關係，女方因缺乏性知識，對下體流血感到恐慌，而求助於學校的「輔導室」的男老師，那位男老師竟然一點也沒有遵守社會工作人員基本的工作道德替案主守秘，竟呈報到訓導處，結果男女主角遭退學處分。

經由《人間世》這個小說，李昂讓我們看到七十年代臺灣的教育缺乏性教育，大學女生甚至以爲接吻就會懷孕；而學校設立的「輔導處」，雖是學校體制上一大進步，但缺乏進步的專業訓練人士及思想道德。且學校教育不應是「懲罰」，却用懲罰來加深「性」是齷齪的傳統觀念，這是學校教育對性應有的態度嗎？

《誤解》的結局更令人悲傷。王碧雲因爲帶了她的朋友回保守的家鄉去玩，她的朋友——一對男女大學生，竟在她家搞了那回事，意外給她父母看到；王碧雲挨了父親的狠揍及母親的斥責，最難堪的是她自小到大品學兼優的形象在父母眼中徹底毀滅，且將是永恒的罪孽，她父母極端的輕蔑與不屑，令到她一下無法適應而自殺了。「性」眞的那麼可怕嗎？不知多少女性在類似的枷鎖中崩潰瓦解呢？

《雪霽》將性提昇到勞倫斯的觀念層次，性是原始的，純眞的、健康的、自然的，是一種衝破藩籬自我更新的祭典，令到在愛情的疲憊中相互羈絆的情侶，藉著原始的性，重獲新生。《轉折》中的女主角愛上有婦之夫，對方無法和她結婚。因而在她新婚的前夜，將自己給了那有婦之夫，那是她一生中與他的唯一的一次。

一對眞心相愛的男女，爲了世俗的道德無法結合，藉著「性」，彼此擁有了最直接最忠誠的對方而不再遺憾。精神與肉體完美的結合，那一個時刻，足夠他們一生享用。

李昂的小說肯定性的重要，以性爲主題，故對其中人物的性格無須落墨，而非常注重性愛過程的心理進展，可以說爲研究「性的問題」而寫的小說。她的女主角多數受過高等教育，來自富裕家庭，對性充滿了好奇及作風前衛大膽，她們以爲「性」是女性成長過程中具有「反叛性」的代表，有反叛才有成長，有破才有立，這些是李昂做爲小說中性反抗的象徵。故我們如用道德的眼光來看這些小說，則無法體會她欲闡述的思想。美國女權運動先進人物費登，在她的名著《女性的奧秘》一書，說到很多女性利用性慾堅持自我的獨立，糊裏糊塗的利用性慾去肯定一些與性慾無關的須求。⑨李昂小說中的女性，同樣犯著這「糊裏糊塗」的錯誤。

《生活試驗：愛情》是李昂唯一一篇探求低下階層女性對性愛看法的小說。

有錢少婦丹丹，在一偶然機會得知一低下階層的女人，背叛了丈夫要了個年輕的男人，事發後，這女人無視丈夫的諒解，毅然吵著要離婚去跟年輕的男人。

丹丹將她的情況代入了自己的經歷，她亦是背著丈夫愛上個小自己十歲的男人，她無疑非常珍惜這份戀情，尤其是肉體上新的刺激及快感。但是，她缺乏衝破社會道德習俗的勇氣而受著折磨。故她一廂情願的羨慕那貧窮女人的勇氣，她以為，所有的女人都和她一樣，渴求愛與性。

李昂藉著社會工作者對貧窮女人進行訪問後的個案，來諷刺上流社會女人關注的愛與性，在下流社會是不存在的。那貧窮女人之所以要跟著年輕男人，不是單單一廂情願的以為是「粉身碎骨的追求情慾」，只為了他較有錢，而自己的丈夫又老又窮，她罵丈夫：

也沒見過你這麼沒用的人，老婆給人了，生下一大堆雜種，現在人家想賴，你屁也不會放一個，那死沒良心，也不想當年他一個人在臺北，老娘讓她睡熟被窩，還不圖他幾個錢……想混個溫飽。（頁一六八）

當生活成問題時，性對女人來說只是長期的賣淫，而扯不上愛情或快感。《傾城之戀》中的白流蘇一心想嫁給范柳原，范罵她將婚姻當作長期的賣淫，她也只是低頭不語。

⑩沒有錢，就沒有尊嚴，男女一樣。這篇小說是李昂較接近社會寫實的一篇。

太多的性愛，令到現代男女情感生活反而更加空虛枯燥。早在三十年前，夏志清就寫到：「『情』可能是『慾』在種種文化勢力誘導制裁下變相而產生的東西，……慾望碰到阻力，受到抑制，情感才會產生。」⑪八十年代的男女，因空虛訴諸肉慾導至更大的空虛，簡直是惡性循環及自我摧折，李昂亦體會到這一層，在她後期的作品中，「明顯的可見出一個女性如何尋找新的出路與立足點—那就是走出狹隘的個人情愛糾纏，而參與、關懷社會及諸多人類面臨的重大問題。」⑫

《愛情試驗》中的女子從一個男人身上流浪到另一個男人身上，這裏的流浪並非專指肉體，亦包括了精神的依賴。而男人對女人，不停地需求著愛、奉獻、道德，甚至性；妳給他一樣或兩樣，他就拿其他二樣來威脅妳，壓迫妳，永不滿足，受創的始終是女人。女主角對愛情有深刻的體驗，對男人更有深厚的了解，她掙扎出愛情的呢喃，實際參予社會工作及追求學問，尋到了自我。反倒是男主角，當初對她諸多挑剔，但是面對成長後的她，「却無寧希望她仍是當年跟在他身後的女孩」，而感到悵然。這裡可見一般男子的自私。這篇小說明顯看出李風格的轉變，以追求學問及參與社會工作來代替以「性」做爲女子追尋自我的方式。

《她們的眼淚》中的女主角有更多更直接的參與社會工作，可以說是一篇報導性的小說。主要是探討妓女問題，及女主角藉著參與社會工作而成長的路程。我們看不到性的「偉大」，

「深刻」的意義，這篇小說有的只是最原始的賣淫問題及妓女們的眼淚，雖然也是和「性」有關。李昂的小說至此已完全轉變了她一貫的主題。

李昂的小說在臺灣女性主義文學中佔有重要的地位。由於西方的女性運動，起始於探討白人中產階級婦女問題，直至晚近，才有人將重心移轉至黑人婦女，女同性戀，或第三世界婦女的境遇上。李昂的小說，亦由中產階級婦女以性慾爲自我堅持轉變到女性的參與社會服務，亦是一個進步。但是她過份注重小說中的性理論而損壞了小說的藝術性，亦頗爲可惜的。

木易子批評她的《昨夜》：

男女間事不是不可以寫，但請用勞倫斯那種坦蕩蕩的胸襟寫。拗異的「鹿港語」，隱密的深黃色，固可「哄動」一時，萬人矚目，但絕不就等於成功或成就。一隻三脚雞站在西門町，也會有許多人圍觀的。「性」也不一定就是「好」。我們寧願看「查泰萊夫人」，也不忍卒讀歐化未成的「素女經」。⑬

這篇文評寫於一九七四年，可以看出當時臺灣社會及文壇作風的保守。我認爲李昂的作品，以往文評家該給予更高的評價。

第二節　其他短篇小說中的女性性問題

性的問題一向是傳統社會的禁忌，五、六十年代的臺灣當代小說鮮有探討這類問題的；除了六十年代倍受注目的作家林懷民寫了一篇《轉位的榴槤》（一九六五），由於女主角是香港來的僑生，她的兩次墮胎，並未造成一九七四李昂發表《人間世》後的軒然大波。

七十年代初期有關「性」的小說，女主角多數受了男人的騙，充滿了性的悔罪；中期的小說，女主角對性的態度是充滿了好奇及有著頗爲大膽的新潮作風，她們已無須證明自己仍然是個「好女孩」；到了七十年代晚期及八十年代，男女輕易的玩著「性的嬉戲」，產生了性愛後的疲倦、空虛感。

蘇玄玄的《爪痕》（一九七〇）⑭，蔡昭仙的《雨來了》（一九七一）⑮，楊青矗的《白莎夢》（一九七〇）⑯，陳彥希的《眞是抱歉哦！老弟》（一九七九）⑰，這幾篇皆是描寫教育水準較低的鄉下女孩或工廠女工上了壞男人的當。而這四篇小說中的壞男人皆是大學生；大學男生玩弄工廠女工已成爲千篇一律卑微少女的惡夢，可見出台灣大學生自有的社會地位；咎由自取的是她們的虛榮，後果却是獨自承擔性帶來的悔罪及創傷。所以夏志清對子于《迷惑》⑱中的男大學生份感喜愛，如果他是《鵷鴣記》的的惡少⑲，要騙工廠女工們的身體還不簡單，但他們只保留互相「迷惑」（男大學生不能了解女工的單純，一如女工不知他在想些什麼），互相友愛，而不逾矩。

唯一例外的是鄭清文《姨太太生活的一日》（一九六八）⑳中的女主角，利用美色及女性原始的性，坦然的做了老男人的情婦及玩物，沾沾自喜，（她一個月花的錢，別的女孩要工作一年才能），沒有一絲不安或悔罪。

朱天文的《女之甦》㉑（一九七五）中的一對男女，女的剛考上大學，男的就快大學畢業，却令人感覺他們的心智只有十四歲的程度，男女都調皮搗蛋，喜歡講幼稚的笑話，這是朱天文筆下男女的通病。兩人笑作一團後，可以順從生理的本能做下去，後來當男的懷疑女的懷孕，要她去做檢查，她說：「不要笑昏小女子……你幾時想出這餿主意，老爹爹，亂呆的。」之後，男的提到有了小孩必須打掉，她的反應是：「你是說，我要躺在一個——一種那種枱子上？…咦——蠻鱸的耶…眞的耶，很好玩。」她老是喜歡誇張自己的天眞，看得出臺灣中產階級子女，受到學校家庭過份的呵護，人情世故多數不懂，更遑論性的問題。一如《人間世》裏的女大學生。

朱天心的《天涼好個秋》（一九七六）㉒，男女主角十七歲就做了父母，由於性的無知及一時衝動；這是篇浪漫小說，有著純純的愛，好在女方父母有錢，再加上溺愛，他們可以浪漫下去，但只適合拍電影，或攝入鏡頭。

蔣曉雲《驚喜》（一九七六）㉓亦引起社會人士側目。女大學生，那麼不在乎的就像男主角玩成人遊戲，令人不安。她雖然愛他，但二人相識不久，她輕易接受他性的要求，沒有一點掙扎，令人震驚。作者沒有交待他們的身世背景，故無從了解眞正因由，但亦可以看出社會演變對性的開放。

潘庭松《踢一個好球》㉔及陳燦生《回憶兩章》㉕及孫瑋芒《海濱廢園》㉖，講的都是大學生輕易的性關係。來得快、去得快，勿須理由，勿須掙扎，有的只是對性愛久了後的無力與空虛。女性不再像《人間世》中的女子那麼對性一無所知，她們視同居、服避孕藥、墮胎爲常事。

蔣家語《關山今夜月》（一九七六）㉗講的亦是女大學生爲了金錢出賣肉體，甘心做有錢人的情婦，理直氣壯的一如《姨太太生活的一日》中的女孩。

曾心儀的《我愛博士》（一九七六）㉘，指責的矛頭都指向常博士，一般人都同情女主角被騙了感情，我認爲受害者雖是女方，但她咎由自取。因爲小說中，女主角一直採取主動的地位，她主動寫信給常博士，在此之前她只在公車上見過他一次，二人亦無交談。她主動的寫信給在香港的常博士，因她有公事將赴港，「請他屆時爲我提供觀察香港社會情形的資料」，這裏已暗藏其他的動機，常博士是年青有爲的出名學者，瀟灑英俊，女主角很明顯的是個愛慕者，臺灣女孩對留美博士已趨之若狂，不要說享有盛名的常博士了。

二人第一次見面就上床。以一個在學術界頗有聲譽的學者，應不會冒險到第一次和人見面就大膽討論「性」問題，且「坐言起行」，就算是，想必亦是雙方的意願，小說中的女主角亦是敍述著，她寫著：「我們俏皮的討論與男女有關的問題，諸如：成年的男女，第一次相處，已經有熱情了，可不可以上床？……最後，他笑著問我：『還有什麼問題，盡量問吧？』」可見女主角主動的和他討論「性」問題，且是在「國賓頂樓幽靜的咖啡室」，很明顯的，她想引誘他，她用言語意淫。爲什麼一定要不停地討論「性」，她不是一直說她崇拜學問與知識，及關心窮苦的人民嗎？而常博士是哈佛的人文學博士，她應有更多關心的社會問題請教他才對？

「我是個率直的女子。我是極自然生存的女人。我可以凝聚思漫，可以選擇，我願意在選擇之後承擔未來的命運。他問我喜歡那裏，他讓我決定。我喜歡陽明山……。」（頁六十九）她不只會選「話題」，還很會選「地方」哩！

奇怪的是，她形容自己生活艱苦，「婚變不久，心靈很脆弱。上班累，胃痛的舊病復發。工作奪去我太多時間，我的自修進展微小。學歷的限制，對前途很徬徨。」其實，她又是「活潑的」「俏皮的」，「率直的」，「自然生存的」，不是很矛盾？

在「性」方面，除了第一次見面就可以上床外，她亦相當活潑，可以當著常博士母親的面，在沙發上調戲，她經常留夜，二人在房間，須開冷氣機，用機械的聲響來掩蓋二人的狂笑聲。

作者一直强調女主角對知識、學問的崇拜及關心社會貧苦大衆的理想，她之所以無條件大膽的和他日夜狂歡，就爲了他代表著眞理的化身，和她有著相同的理想，兩人心靈溝通。一方面，作者又强調女主角的自卑（學歷低、離過婚），及「高攀不上」的隱憂。這亦是女主角最值得同情之處，她以爲可以用肉體繫住一個男人的心。

整篇小說都是女主角在「自導自演」，她主動寫信，主動以「性」問題引起對方暇思，主動挑選浪漫的酒店，本來，她亦可以主動的成爲博士太太，如果她勝利的話，她唯一犯的錯就是落錯了棋，她以爲他是「樸素的、直憨、羞澀。是一位可愛的、苦學、熱忱的知識份子。」其實，他並非「象牙塔」裏的知識份子，他和她一樣，是兩面人，有著「象牙塔外」的人情世故，故沒成爲她的「網中魚」。

常博士並非「罪惡可恥」，天下那有不吃腥的貓，白白送上門的，豈有不要的道理，何況這些「主動的」女子都把他寵壞了，除了女主角，尚有女護士，主動獻身，常博士因她是處女不肯接納，她就用婦科檢驗器戳破了處女膜，「他們相好了，但是，他不給她任何允諾。」；尚有爲他自殺未遂的女學生，送花的，寫信的……。三十歲美國哈佛的博士，他有所有女子夢寐以求的條件，但是，她們都忘了，白馬王子一如有刺的野玫瑰，只可遠觀，不可近臨。

陳佩璇的《釋情》[29]中的男女，沒經過了解就同居，理由很簡單，一來可以省錢，二來可增加相處的時間。同居後，她才發現他討厭洗澡、亂扔東西，跋扈、迷麻將，夜歸，不守信諾，大男人作風，講粗話，甚至後來動手打她，隨便的性關係或同居，心靈或肉體受到大挫折的、永遠是無知、善良的女性。而適婚年齡女多男少，更加深了她們的恐慌，而做出「草率」的決定。

袁瓊瓊的《小青與宋祥》（一九八一）[30]中的男女性關係當然是基於愛情，但是宋祥却不太肯定小青只和他一人做愛。小青是新女性，只同居不結婚，由於家庭不幸的遭遇，她對婚姻深痛惡絕，認爲家庭是女人的地獄。這樣的新女性，臺灣也愈來愈多，社會普遍亦能接受了。

郭箏的《好個翹課天》[31]裏的小太保小太妹（一九八四），更是濫交的可怕，這是八十年代工商社會最可怕的病根。放縱肉體的享受，遲早有一天出事，忙著賺錢的父母，忽視了子女的管教，亦是這個社會令人頭痛的事，功利主義的思想，帶給人類的是相應而來無窮的後患，年輕的少男少女成爲最直接的犧牲品，「男盜女娼」的年齡有不停地下降的趨勢。

許台英《不須歸》㉜（一九八四）主題非常簡單，探討女性性慾的問題。女主角紀無痕堅守不和有婦之夫發生關係，因前車之鑑，偏偏她周圍全是結了婚的男人，這點又反映出臺灣社會男少女多的問題已相當嚴重，難怪有議員發出一夫多妻合法化的荒謬要求。作者通篇描寫女主角如何飽受情慾煎熬及如何藉「基督」的力量戰勝情慾的過程，相當令人感動，爲何這種痛苦男人闕如？當代小說中，「性」已可以大方公開的討論了，傳統小說中若有似無的愛慾暗示（EROTICISM），將愈來愈少見了。

【附　註】

① 刊登於《香港信報》，一九八五年六月二日。
② 見本論文第四章《慾火焚身的女人—論施叔青的短篇小說》。
③ 見施淑的《鹽屋—代序》一文，收爲短篇小說集《花季》序。李昂著，洪範出版社，一九八五年一月三版。
④ 見林依潔的《叛逆與救贖》一文，收爲《她們的眼淚》附錄，頁二七七。李昂著，洪範出版社，一九八四年七月五版。
⑤ 《愛情的試驗》，李昂著，洪範出版社，一九八四年三月六版。
⑥ 《她們的眼淚》，李昂著，洪範出版社，一九八四年七月五版。
⑦ 同註④

⑧ 收入《愛情、社會、小說》一書，頁十五。夏志清著，純文學出版社，一九八一年十二月七版。

⑨ 見陳瑞文《談於梨華的長篇小說「變」中的人物及主婦病》一文，《中外文學》二卷十二期，一九七四年五月，頁三十二。

⑩ 收入《張愛玲短篇小說集》，張愛玲著，皇冠出版社。

⑪ 同註⑧，頁十一。

⑫ 見李昂《寫在書前》一文，收爲《她們的眼淚》序。

⑬ 木易子《讀昨夜》，原刊《書評書目》第二十期，一九七四年十二月一日。後收入《第三隻眼》一書，書評書目社出版，一九七六年二月二十日初版。

⑭ 收入《五十九年短篇小說選》一書，隱地編，書評書目出版社。

⑮ 收入《六十一年短篇小說選》一書，思兼主編，書評書目社出版。

⑯ 收入短篇小說集《同根生》，楊青矗著，遠景出版社，一九八二年七月初版。

⑰ 收入《時報文學獎第二屆小說獎》一書，時報文化出版社，高上秦主編，一九八三年四月再版。

⑱ 子于《迷惑》榮獲《臺灣聯合報》第二屆小說獎第三名。收入聯合報六六年度小說獎作品集，聯經出版社，一九七八年六月二版。夏志清的評論見《正襟危坐讀小說》一文，收入《新文學的傳統》一書，頁二五九。夏志清著，時報文化公司出版。

⑲ 曾寶英《鴣鴣記》，收入聯合報六六年度小說選作品集，聯經出版社，一九七八年六月二版。

⑳ 收入《最後的紳士》，鄭清文著，純文學出版社，一九八四年二月初版。

㉑ 收入《聯副三十年文學大系小說卷③》，聯經出版社，一九八一年九月初版。

㉒ 收入《聯副三十年文學大系小說卷④》，聯經出版社，一九八一年九月初版。

㉓ 收入《愛與罪》一書，李昂編，前衛出版社，一九八四年十一月再版。

㉔ 同註㉓

㉕ 同註㉓

㉗ 收入短篇小說集《龍門之前》，孫瑋芝著，聯經出版社，一九七七年十一月初版。

㉗ 收入《聯合報六五年度小說獎作品集》，聯經出版社，一九七七年一月第二版。

㉘ 同註㉗

㉙ 收入《十一個女人》，蕭颯等著，爾雅出版社，一九八四年九月五日十七版。

㉚ 收入《自己的天空》，袁瓊瓊著，洪範出版社，一九八四年三月九版。

㉛ 收入《一九八四年臺灣小說選》，唐文標主編，前衛出版社，一九八五年五月十日三版。

㉜ 收入《茨冠花》，洪範出版社，許台英著，一九八六年三日三版。

第六章　傳遞婦女問題訊息的女作家們

婦女問題的含義，隨著時代的演進而變更。五四時代是中國歷史上一個空前絕後的新思潮衝擊的時代，當時受過教育的新女性迫不及待的欲掙扎出傳統舊禮教的束縛和桎梏；呈現在小說中探討婦女問題的多數是女作家，到底婦女本身對自身的問題更加關切及認同，寫出來的作品亦較細膩、有血有肉。當時的女作家相當多，比較膾炙人口的就有丁玲、謝冰瑩、蘇雪林、張愛玲、蕭紅等。她們探討的婦女問題，不外女性的愛情、婚姻、男尊女卑制度下的不幸，子女、婆媳、家庭等訴不盡的心事及委曲。她們之中，除少數人挖掘了新的題材（如女性參政、從軍等），其他的幾乎所見相同，用不同的手法、風格，孜孜不倦地重述這古老的文學題材，有些觸摸的較有深度，有些超越了時代的脈博（如張愛玲）而有優異的成就。但是，她們多數採取溫和、自然的態度，而非反叛的，叫囂的，所以，她們的控訴和抗議亦多是微弱的。

五、六十年代的臺灣當代小說所傳遞的婦女問題，大致繼承了五四傳統，如女作家林海音、黃娟、季季、孟瑤的作品。但是到了七、八十年代的新銳女作家就不同了。由於社會結構的改變急速，台灣工商業及經濟的發展突飛猛進；女性受教育的人數因而激增，伴之而來的是事業，參政權、經濟獨立……等之掌握，加上性解放、道德體系的潰渙，女性得到解放亦陷入新的困境，因男人是慣性的奴隸，古老的思想深根蒂固，一時難以拔除，女性爭取到的「平權」並不表示「平等」，而生爲女人「本質」上的限制，如生兒育女的責任，「性」的標幟及作用，仍未得到令人滿意的解決。葉石濤說：

現代工業社會裏的女性比過去任何時代的女性生活得更苦，她們一方面同男性一樣要承擔著來自外在社會的各種衝擊；即經濟的、政治的、文化的繁複影響，一方面要在家庭裏從事保育子女，維持家庭和諧的單調勞動，這種雙重的枷鎖使得現代女性被迫過精疲力盡的生活。①

在這「雙重的枷鎖」的壓力下，新銳的女作家，呈現在小說中，以女性的本位出發，採取的較爲激烈反叛的態度，她們傳遞婦女的問題訊息亦大大不同以前的女作家，譬如以前的作品缺乏性的觀點只有性的控訴；對愛情、婚姻的態度，也一反以往的被動而採取主動，甚至贊成同居，反對婚姻的亦有，各式各樣的婦女問題，是以前傳統的小說中，所見不到的；當然，此一因素乃因現代女性多數擁有了經濟自主權，加上受過教育，而得到較大的解放。

以往廣東省珠江三角洲流域亦有「梳起不嫁」的女子，替人打住家工，擁有了經濟，但因未受過教育，並未得到眞正的解放。魯迅《傷逝》的女主角之所以走上自殺之路，亦因沒有經濟獨立的能力，而七、八十年代的開放的社會風氣，更有利於女性的解決，故呈現在小說中，往往有超人意表的新題材。而她們表達「雙重的枷鎖」中的「困境」更因小說技巧的提高而達到較以往小說更有深度，刻劃入微的境界。八十年代的臺灣小說界，幾乎是女作家的天下。我私心以爲，「文化大革命」敲醒了某些作家對政治的看法，他們忙於反芻自己「受騙」的傷口，頓時感到失去的依憑，唐文標在《一九八四年台灣的小說界》②一文中，埋怨道：「……黃春明跑去拍電影，陳映眞跑去做生意……。」這種「雙重的」因素，蓬勃了女性小說的生命。當然，她們的成就尙難判斷，缺點是離不開商業主義的引誘，缺少深邃的世界觀，不易引起撼人魂靈的心曠神怡的感覺，更多的是人性的墮落或無可奈何，令人有挫敗的感覺。

第一節　社會的產物——論蕭颯筆下的女人

蕭颯自一九七九年獲得《臺灣聯合報》短篇小說獎第二名及一九八〇年獲得該報中篇小說獎後而聲名大噪。這裏研究她的四個短篇小說《浮光鏡影》、《酒宴》、《意外》、《盛夏之末》③都是八十年代初的作品。

四個短篇皆描寫工商社會的紅男綠女，她習慣詳細描寫辦公室的作業，都市的生活方式，來加强工商社會的屬性。四個短篇的女主角外表看都是强者，精明能幹，蕭颯善於利用簡短犀利的對話來襯托她女主角的性格。一個是會寫文章的漂亮女明星，一個是大公司的女秘書，一個是出名的女作家；一個是雜誌女編輯，但是她們都有著不幸福的一面，她們在洶湧的勾心鬥角的社會浪濤中浮沈，抵受不了物質的誘惑，或沈醉在虛假的事業王國內，夢醒時的寂寞無人分擔。個個仍然受著男人的擺佈及傷害，她們的奮鬥也只是悲劇英雄最後的蒼涼的手勢，始終是吃了男人的虧。

《盛夏之末》中聰明、美麗的女明星，憑著她圓滑的交際手腕及美色，令到李愿離婚而娶她，但她心胸狹窄，容忍不了李愿三歲的女兒，而終於失去李愿的愛，這一對飲食男女，男的是美色爭逐者，女的是金錢追逐者，色令智昏啊！沒有心靈的溝通，結果是易碎的婚姻及愛情。

《盛夏之末》是蕭颯較早期的作品（一九七六年發表），王夢鷗亦看出她「造語之不凡」，他認為《盛》裏的李愿「僅靠一時景氣的利得來充分享受由大富豪看來是微不足道的生活，他很放縱，但尚未忘却早年的窘促，所以他應付兩個家庭之間都不順心。」④而女性不是一樣有「暴發戶心態」，誇張了美色的誘惑力，而忘了追求內在美！

離婚，在現代社會已不是避忌，《酒宴》中的女作家黃季珊因性格不合爲由和丈夫仳離，卻做了個銅臭商人的情婦。當然，她看不清這男人的眞面目，誤以爲是同道中人：

大學唸的是外文，也曾經是個感時憂國的文藝青年。就是現在，沒事在外面也擺著一副名士派頭，偶而隨口談談當前文藝動向，日本文壇近貌，每個月還定期有日本雜誌「文藝春秋」寄到家裡。但是難以想像，他晚上在東雲閣盤腿高歌，左擁右抱陪老總喝花酒，白天陰著臉攻心設計，排除異己。（頁二〇五）

是金錢蒙蔽了黃季珊的眼睛。有一次她和情夫（副總）及副總的上司老總大家一起飲酒作樂，副總問老總要不要玩梭哈，「老總一笑，眨眨眼，把張油汗淋漓的臉孔扭縐的走了原樣，『要賭，賭你那個作家，作家……。』」，她也不過是男人賭桌上的籌碼。她是自取其辱，她貪圖副總的名士派頭，及她用來罵那羣銅臭男人的「錢蟲」，「錢鬼」的錢，全是錢作怪，令到他們蒙塞了心靈的視野，但是，這些男女因受過教育，他們的「知性」產生了「自覺」而帶來痛苦，又缺乏毅力來擺脫現代人的通病—SICK WITH DESIRE（耽於物慾）—及名利韁鎖。蕭颯以簡潔有力的字句來表達他們的庸俗，反映現實人生，而沒有給予她小說中人物深刻或進一步的掙扎，可以說，他們的「自覺」只是短暫的頓悟，但是有根有據。不像她的長篇小說《小鎭醫生的愛情》中的單純年輕的鄉下女護士光美，她的「頓悟」來的突然且無根據。

《意外》裏的欣柔，踏出大學之門，進入了社會這個花花世界，眼界開擴了但並不表示「懂得」男人。她愛上了花花公子而不知，陶醉在他豐富物質所安排的緞帶花式多采多姿的生活，可是，她的美夢尙未開始就破碎，因爲花花公子移情別戀。

拜金主義的社會，女性崇拜有「財氣」的男子，而忽略了以「財」來衡量一個男人是犯了以偏概全的錯誤。

他還是個唸外文的，法文很有點基礎，吟起詩來溫柔醉人，欣柔說他有藝術家氣質，狄子興愛聽這個，順著欣柔勻稱的腰身探索，欣柔也不拒絕。她頭一回遇到了眞正的男人，那麼自信、驕傲，又堅實。從那回以後，狄子興七十公斤一百六十五公分的身材不再爲欣柔所在乎，一個眞正的男子絕不在外表啊！欣柔甚至連狄子興的缺點也願意崇拜。狄子興自大，標準的男性沙文主義；更糟糕的還有他正如機械的個性，無論如何炙烈狂熱的操作後，仍能回復到絕對的冷靜，這些欣柔都只以爲是他處理事業的態度。（頁二二四—二二五）

狄子興的自信不過是金錢在撐腰，這裏我們看到欣柔的幼稚，她的自以爲是，所以她的美夢破滅的太「意外」了，結果她的自殺亦不足爲奇了。

《浮光鏡影》中的杜欣較有深度且不受物慾控制。但她擺脫不了「寂寞」，忙碌的事業令到人無暇戀愛，她唯有因利乘便跟了一個和自己工作有來往的男人梁復生，他事業成功，氣派十足，但仍有著受社會污染後的銅臭及庸俗，當此一標幟成爲現代人的通病，亦無所謂「缺點」了。所以他已有兩個太太更具有寫實的成分。

二人比較，梁復生受社會的腐蝕較深，杜欣較他有良心。當她看到自己下屬牟月英和玩世不恭的有婦之夫秦協理來往，不免好心規勸，雖明知牟不會領情，且對方在工作上經常不受指揮，和她作對。梁復生一早就叫杜欣不要理這件事。後來，杜欣無意間聽到牟月英問女同事關於墮胎的事，她對梁復生說：

你看，秦協理對小牟到底有沒有心？小牟似乎已經上了道，我聽她和玲達洪扯墮胎，不知道是不是？

管人家呢？

我不希望看著一個好好的女孩就這樣完了。

你怎麼知道人家就完了呢？瞎操心。（頁一一四）

牟月英亦是耽於物慾的女人，她喜歡秦協理帶她出入高級的西餐廳，喜歡坐上他名貴的家車。

車子平穩的駛了出去，由一對年輕男女身邊擦過時，牟月英冷淡的看了他們一眼，但却相信他們打量自己的眼光是嫉妒灼熱的。她挪挪身子，讓自己坐得更舒坦更高傲，她才不在乎秦逸之帶她去那兒，只要她不願意，誰又能使她就範呢？（頁九十一）

她的「不在乎」，道盡了八十年代的「男盜女娼」的社會。

蕭颯筆下的女性，以杜欣較令人欣喜。她的下屬，平心靜氣時，對她亦頗多讚美之言的，「凱薩玲（杜欣）人是不錯的」（頁一二一），「凱薩玲？很能幹，一個女人能像她一樣能幹又不斤斤計較是不容易的。」（頁一〇一），她也不貪錢，梁復生要送部車子給她，她不接受。這樣一個女子也只能碰到梁復生這類男人，且已有兩個太太，當代小說中的女子的悲哀是，「衆裡尋他千百度，徧尋不獲」，所以有《不老紅塵》中的曾宇，有《洞仙歌》中的端木芙⑤。她們不太苛求，或者如劉紹銘說的「享受無可奈何人生中的短暫歡樂時光」⑥。

短暫的歡樂時光眞的夠嗎？杜欣開始心緒不寧，鬧失眠了。許久以來，她不曾入夢的死去的丈夫又再度入夢，象徵著事業成功，經濟獨立的女子，也一樣須要全部擁有一個男人，一個家。

作者安排梁復生出車禍猝死，雖是矯情的設計，可能是作者無力去處理這三角戀愛，亦是她小說中人物代表的自然主義的人物，是環境下的犧牲者，他們不是英雄，只能苟延殘喘的活下去。亦惟有男性被「寫出」了作品，女主角才有機會處理其新得到的空間。

杜欣知道了梁的死訊，第二天還不是打起精神上班？（也要打得起才行！），當牟月英取笑她：「誰不知道梁復生死在酒女懷裏」她也忍住不動聲色。後來，牟月英因懷了孕忍不住嘔了起來，受了她諷刺的杜欣的表情，却是爲她難過的樣子，這一切顯示梁復生的死對她打擊不大，她還有閒情爲他人難過。如蘇偉貞所說：「她們太獨立了，她們的聰明、美麗，到底帶給她們甚麼好處？」若說張愛玲寫的是「無情」（朱西寧的評語），則蔣曉雲及蕭颯寫的是「寡情」。蘇偉貞則是「釋情」了。

看完這四個短篇小說，令人有時光倒流三十年的錯覺，以爲回到五十年代風靡一時的小說《星星月亮太陽》及《藍與黑》的世界——一男數女，糾纏不清。不同的是，五十年代的女性，爲了割捨不下「愛情」，而陷入三角或雙角戀愛中自苦。蕭颯筆下的八十年代臺灣女性，却是爲「物慾」，怕「寂寞」，甘願和有婦之夫來往。亦反映出臺灣女性「弱勢貨幣」的危機，她們圍著男人團團轉，受盡男性的擺佈，相反的，男性却可左擁右抱。蕭颯《禪》⑦裏的清麗，借錢給心上人出國讀書，男的到美國後，很快就結婚了。故事一開始，我們就看到女主角對男方的緊張、處處巴結的態度及男方的不在乎。

這些男女，無非是社會的產物，有著庸俗的成分。蕭颯小說中的道德世界，已無條件向世俗投降，她的人物，對名韁利鎖的引誘，全無招架之功。

劉紹銘在《時代的抽樣—論蕭颯的小說》一文中，指她寫的「七十年代後期的臺北男女關係，烟花烟緣，歷來男的是『床頭金盡，壯士無顏』，女的是『恩盡情衰，色衰愛弛』。」⑧

第二節　散漫人生中淡淡的哀愁——論袁瓊瓊短篇小說中的女性

袁瓊瓊以一篇《自己的天空》（一九八〇）被王文興評為難得一見的絕好小說而倍受注目。王文興認為她是一個深通世故，熟諳人情的小說家⑨。我認為她的小說之所以吸引人，是一種無可奈何的淡淡哀愁，道盡七、八十年代女性的心聲，帶著輕微的惘惘的威脅。

像《荼蘼花的下午》⑩中的碧淑，莫名其妙的做了人家的情婦，到後來「逐漸認識了他的自私、任性，幾乎寡情的人，可是碧淑愛他、容忍了他這些缺點，後來是比較難以容忍了，也還是容忍著，她不能不愛他，只有愛才能留住他。」（頁三十九）碧淑無可奈何容忍下去，又不能不愛他，一如張愛玲《沉香屑—第一爐香》中的葛薇龍，兩個女人都發覺自己「不可理喩的婦人心」，一個是「自願爲娼」，一個是「自願爲妾」的事實。薇龍惘惘的威脅是「無邊的荒涼，無邊的恐怖」⑪；碧淑惘惘的威脅是「他是膩了她？他可能不要她了？」（頁四二），畢竟，隔了半個世紀的女人，這威脅也淡多了。碧淑妹妹警告她：「有太太有孩子的男人，天哪！妳以爲他會離婚來娶妳，妳被騙了，不想想他是怎麼爬到這麼高，靠他太太哪！」（頁二九）碧淑看到在自己面前一向有權威地位的妹妹發怒，她竟然「有點神秘的輕微的喜悅」。

碧淑知道自己的處境，三十多歲了，相貌平凡，亦無其他過人之處，除了裝糊塗，無路可走。最後，她淚眼模糊的看著妹妹：「我知道他不會離婚，你爲什麼儘要我哭？你也讓我心裏頭好過一點吧！」（頁四十四）

碧淑肯屈就短暫相聚的歡樂，整篇小說散佈淡淡的哀愁。不像蘇偉貞的人物，她們對愛情、婚姻要求高，不肯有一點委曲，她們是「用來折磨紅塵的」，折磨中有著深沈的悲哀。《自己的天空》中的靜敏，丈夫良三要和她分居了，面臨女人一生的大事，她才「驚覺」自己的「漠不關心」，雖然她不停地哭，只因她一向愛哭，並不表示悲傷。所以她和丈夫在餐廳談判分居時，她眼角竟留意到地毯上燒了一個不大爲人看出的小洞，這和碧淑對著因關心而憤怒地罵著自己的妹妹「有點神秘的輕微的喜悅」有異曲同功之妙。兩個女人面對自己一生的大事，都是散漫的，無可奈何的。

這種散漫的，不太在乎的態度，表現在靜敏知道另外那個女人不會燒菜，「她一下子同情他了，不知怎麼，一下看他是別的男人，同情他妻子不好，忘了他是自己丈夫。……靜敏說：『以後你吃不到了。』」（頁一三八）王文興認爲這裏表現出靜敏這個「沒有性格」女人的「軟弱的反抗」，我倒不認爲她是在反抗，只是她自然流露的關懷，到底七年夫妻了。談判至此，靜敏才開始自覺（SELF-AWARENESS）她的不在乎，「一下子看他是別的男人」，他們的婚姻是媒人撮合的，她並沒有那麼愛良三，於是她想到應循例責備丈夫一下，或學電視劇裏的女人裝暈死；對自己「健康的不痛不癢的坐著」感到有些慚愧，她只好藉故去洗手間補妝，竟發現鏡中的自己「容光煥發」，而替丈夫難過，他一直認爲自己在靜敏心中十分重要。靜敏如果是想「軟弱的反抗」，大不必後來主動提出離婚，保持同居不就是軟弱的反抗？何必成全自私的丈夫？

袁瓊瓊除了刻劃這「出人意表」的心靈活動，此處更包涵不少眞象—現代男女婚姻關係的淡漠。只有在面臨考驗時，女人對自己的性格或會有「自覺」，這個自覺就是女性成長的第一步。陳瑞文在《談於梨華的長篇小說「變」中的人物及主婦病》⑫一文中，提到女性必須經過「自覺」「自我追尋」的二個階段，才可以達到「實踐自我」的第三個階段，完成了女性的成長。

靜敏的「自覺」是偶然的巧合，她的「自我追尋」是屬於自然主義的環境所逼迫的，而非浪漫主義的英雄，有個目標或理想。離婚後的她，變的比較不拘謹，有把握，學會運用人及應付各種人，察言觀色……等生存下去必備的本領。她碰到屈少節，她主動的追求，兩人不久就住在一塊，這次是她了，她是那另一個女人。他們的「同居」，後果如何，不可逆料。王文興認爲，她畢竟不是「正室」，恐怕不快樂。就算不快樂，我以爲碧淑、靜敏已學會接受、容忍不如意的人生，這已是她們的「福氣」，「快樂的泉源」了。這亦是現代女人自處之道啊！雖然，快樂中有著惘惘的威脅，淡淡的哀愁，但是，那是「自己的天空」啊！「可是她現在不同了，她現在是個自主，有把握的女人」（頁一五一）

《小青與宋祥》中的小青是不願結婚生子只願同居的新女性，鑑於母親受盡父親的欺侮，她痛恨婚姻，所以當她懷了宋祥的孩子，一聲不響的去打掉，頗爲決斷。令小青無可奈何的是，她雖怕結婚，但不能沒有男人。

她喜歡咬人耳朵，總是伏在他肩上，像隻貓似的啃人，明明個頭甚小，每愛疊起腿來，老聲老氣的說：「過來讓我抱抱」他於是過去坐在她腿上，存心把體重全賚上去，她

也禁得起。現在想來，那是帶著女權意味的調戲。（頁一二四）

宋祥不了解小青，「柴松林發表過適婚女性比男性多的統計數字，可是她這佔多數的女對他這個稀有的男，彷彿全不在乎。」

小青不在乎男人，因她不在乎婚姻，宋祥甚至沒有把握小青只和他一人睡覺。但小青在乎她的工作，給辭了職後，崩潰下來，邊哭邊訴的，嚇了宋祥一跳「原來她也是能哭的。」新女性自持的就是「經濟能力」，小青的失業，令到這對男女暫時忘了吵架而「相濡以沫」，「那相擁的是朋友的成份比情人多」，小青受到惘惘的威脅（失業）後說：「有時候，有個人靠靠也蠻舒服的。」也只有這一刻，宋祥覺得「他不需要勝利了」，但是，這一刻能維持多久？小青肯靠著他多久？恐怕她另謀高就後，兩人又要因觀念的異同而開始吵架了。兩性的關係因女權的高漲而愈來愈複雜。

《海濱之夜》中的李恬，患了「主婦病」，這是「留學生文學」中常見的類型主題，以於梨華的小說《變》爲代表作⑬。但李恬才結婚不久啊！而那些患「主婦病」的女人是步入「中年危機」，對於這些女人，劉紹銘感嘆道：「包法利夫人的幽魂，眞的不分古今中外的流連浪蕩著？」⑭，對李恬來說，這個「幽魂」出現的太早了。

默默的安靜的發呆的李恬，乖了一生。像塊熨得服貼的布匹一樣攤著。整整的一生，沒有波浪，沒有起伏。一輩子最嚴重的事就算與兆國戀愛了，可是也沒有，甚麼也沒有，不是兆國，她或許也會嫁給別的男人。因爲一生的路上有這個環節，走到了就要扣上。爲甚麼沒有一點特殊的刺激的事呢？只要有一點點，甚至一剎那，她這一輩子就不是白活了。（頁一七〇）

李恬沒有《變》中的主婦文璐那麼大膽，離開老實的丈夫，跑去和另一個男人同居，追求愛情。她只是在遠離現實生活的海濱之夜，發了一場綺夢，對著初識的德國人維廉，「實在生得好看，大概在外國人裏也算突出的相貌吧！那抿緊的粉紅色的唇，唇邊金色的髫鬚。李恬猛地垂了頭。⋯⋯她覺得有點亂亂的，心不安，不知怎麼搞的⋯⋯。」（頁一六四）夢醒時，「她突然膽怯起來，人是多麼容易犯錯啊！」她無疑更像馬健君《癢》⑮（一九七〇）中的女人，在火車旅程中幻想著和對面壯健年輕的男人的愛戀，旅程結束，幻想也結束。

苟且的愛情與婚姻，李恬顯然不快樂。蘇偉貞的女主角有著寧缺勿濫的理直氣壯，但也不快樂，反倒蔣曉雲滿足於沒有愛情的溫情，較爲可喜。

《少年時》，劉紹銘譽爲一篇洞察少年心理到了境界發亮，而文字又屢見珠璣的小說⑯。這題目雖是爲少年大條而取，袁瓊瓊仍以相對篇幅來描寫蘇小姐對婚姻、人生的散漫態度。大條的生命中，因蘇小姐的「闖入」而打翻一池春水，首先他發現自己的父親，「吃飯像豬吃食，男人上了年紀就這樣嗎？也不顧桌上還有外人（指蘇小姐）。」，之後令他尷尬的是，自己努力在蘇小姐面前裝大人時，媽媽却屢出其不意給他當頭棒喝，令他產生強烈的代溝感。而他更發現，蘇小姐和他一樣「無聊」，老找他說話，沒有做「家庭教師」的傳統態度，對大條後來說話和行動上放肆起來，也不在意，這是蘇小姐的人生態度，正如家裏給她介紹男友，她開始並不認眞，後來又決定結婚，她不知道對女人來說結婚重不重要，「反正我認識的人全都結婚了。」她對大條說。

最後，蘇小姐俏皮的說：「讓你吻一下新娘。」她只是想給大條貼一下唇，誰知發育期間的大條却猛摟著不放。他們之間，當然沒發生什麼驚天動地的事。

都是「無聊」惹出來的人間瑣事，又有點無可奈何。一如《浮生圖》中的衆女子，無聊的店員生活，只好閒嗑牙，令他她們原本就蒼白沒有思想的日子好過一些，但也無可奈何地更加懶散了，這些女子「苟且」結婚後，生了小孩，恐怕就是《無言》中的小夫妻，給生活中的瑣碎磨光了，愛情褪了色，剩下的只是無可奈何地接受生命中小小的不耐煩了。

袁瓊瓊在《自己的天空》代序中說：「因爲對自己的存在並無自信，所以我的小說有點冷酷和悲涼。」⑰亦是我所謂散漫人生中淡淡的哀愁，那是她小說的氣氛，至於人物呢？劉紹銘認爲：

天長地久的婚姻幸福不可求，那麼，打了折扣歡樂時光不應輕可拋棄。碧淑、小青、靜敏和蘇小姐，都或多或少地抱著這種委曲的心理。正因爲她們心地溫暖得可以接受不如意的人生，她們才不致淪落到《金鎖記》的七巧的地步：蛇蠍心腸。⑱

我以爲，這些女子之所以不是「蛇蠍心腸」，除了心地溫暖，更因爲她們可享受短暫的歡樂時光，可以有散漫的人生態度，可以自由選擇婚姻、愛情，這些因素令到她們「心地溫暖」，雖然帶著淡淡的哀愁。而七巧那時代的女子，必須打起十足精神，爲婚姻愛情「衝鋒陷陣」，受了創傷，更沒有短暫的歡樂時光來放鬆一下，慰藉一下，難免到後來失去了溫暖的心腸，如《傾城之戀》中的白流蘇及她衆姊妹，葛薇龍（《沉香屑第一爐香》）《留情》中的淳于敦鳳，更甚的變爲蛇蠍心腸，如七巧及《沉香屑—第二爐香》中愫細的姊姊，她自己是老處女，她得不到的亦不想妹妹得到，逼的妹夫自殺了，(因爲他太太無法接受性生活)。

蕭颯和袁瓊瓊都是八十年代的文壇上新銳，蕭颯擅長描寫工商社會裏衝鋒陷陣的男女，袁則擅長描寫追求自我意義的女子及洩了氣的婚姻，這裏研究的蕭的四個短篇及袁的七個短篇，看出蕭小說中的女子精刮、厲害、語言犀利，袁小說中的女子無疑懶散些，謙卑些，一羣是精神十足追求自己的慾望，一羣是漠然地接受無可奈何的人生。

第三節 勝利者——論許台英《不須歸》及廖輝英《紅塵劫》

八十年代的女性，有學問有事業，爾虞我詐的功利社會競爭難不了她們，最難闖的，該是婚姻及情慾這一關了。

《不須歸》⑲中的紀無痕是女市議員，《紅塵刼》⑳中的黎欣欣是廣告界女强人，兩人皆叱咤風雲的人物，性格果斷堅決，却都陷入情慾的鬥爭中受盡折磨。紀三十多歲了，漂亮成熟，她身爲女市議員，生活圈子廣，但所能碰到的都是有婦之夫；黎欣欣的情況也差不多，只好委曲的和一個年紀小過自己的「下屬」交往，受盡心理的壓力。

《不須歸》主題簡單而明顯，作者用平舖直述的手法描寫情慾的鬥爭，因爲紀無痕愛上的都是只想上床的有婦之夫，又不肯離婚娶她，想脚踏兩條船，這是臺灣八十年代社會普徧的現象，由於男少女多，男性享盡風流。

正如紀無痕一再的自問：「是三十歲所謂『狼虎之年』的本性使然？」她强烈須要范杰給予她的肉體歡樂。一直到她落選，宦海失意後，遍嚐人情冷暖，生命由燦爛歸于平淡，冷靜下來的她，才隱隱有股力量，助她清醒，看到范杰所謂的「愛」，只是新鮮、刺激、肉慾、攀權附貴的代名詞，終於成功地和范杰分手。

沒多久，遇到了劉志亨，又是有婦之夫，「她認識的男人何止千百位，包括范杰在內，從來沒有像他這樣令她精神癱瘓到無心辦事的……。」再一次，「狼虎之年」的本性又來干擾她，她求救於神父，又閱讀《易經》，思考「歸根復命」的易理，希望可以掃除蠢蠢欲動的綺思，剪斷情欲的鎖鍊，但是，太難啊！「食色性也」。

她又安慰自己，爲自己尋找藉口，想到希臘神話阿波羅之子奧菲斯所說：「人有責任把自己從肉體的桎梏中解放出來。」她在情慾掙扎中攪得頭昏腦脹，幻想劉志亨或肯離婚娶她，她馬上採取行動，找了個劉志亨不在診所的時候，和他的護士小姐聊天，打聽出來，劉醫師以前試過想納妾，因鬥不過妻子及岳母因而放棄，別說離婚了。

無痕想的透徹，決定禁慾的原則，看穿了男人關懷的反面是肉慾的須索，他不是不好，而是她不能放棄原則，婚姻才是情慾正當的依歸。一向風度翩翩的劉醫生，竟也流露出受挫折的惱怒，可見臺灣的男人都給女人寵壞了。

「靈魂向上，肉身向下，自相交戰不已，經歷過范杰式的、重肉輕靈寒徹骨；她不知道，人世是否有她要追尋的：重靈輕肉撲鼻香？」（頁二二八）

無痕比起施叔青小說中的女人，有明顯掙扎的痕跡，看得出，二類女人皆屬「狼虎之年」有强烈的需要，無痕藉著祈禱及思考，戰勝了它。而施小說中的女人，沒有無痕高貴的品質她們較爲庸俗，不屑尋求精神的力量，只會躲入時裝、名牌飾物，美食享受中，逃避內心的不安。而終於「慾火焚身」了。（參考本論文第三章）

爲何，這只是女性獨有的難題？

而可以如此公開，嚴肅的討論女性性慾問題，這篇小說（發表於一九八四年）可謂創舉。由於它缺乏小說的藝術性，更像是一篇論文小說。

《紅塵刼》呈現出的，除了情慾的鬥爭，更多的是現代女性的好强，韌性，往往害了自己。

黎欣欣是廣告界女强人，可想而知她對工作的狂熱。成功的事業，養成她防人之心，她懷疑小自己四歲的下屬章偉對她的愛的成分，又介意他是下屬而不肯「將就」，兩人偸偸摸摸戀愛著，她不准章偉公開他們的戀情，章偉受不了這種侮辱，轉而追求公司裏的小秘書，造成彼此更大的衝突及誤解。

欣欣以事業金錢來衡量男人，蒙蔽了她的眼光，看不到章偉的優點，但又離不開他的肉體，產生不平衡的心理，以喝酒夜歸應酬來折磨章偉，章則追求小秘書丁小玉來報復，黎的好强，認爲是奇恥大辱，爲了和章鬥下去，她一手拒絕了二人多次可以復合的機會，背地裡，她因愈來愈愛章偉而淚水長流。

章偉很快爬升到和她平等的職位，又娶了丁小玉，黎欣欣受了打擊，看出自己心目中神聖不可侵犯的事業，自己辛苦八年建立的威名，別人隨時可以代替她，女性在社會上工作總是較男性不利，而她竟爲了這份醜陋的事業（廣告業的女人經常被客戶視爲高級妓女），放棄了一生的幸福，值得嗎？

廖輝英小說的特色，是很詳細的描寫工商社會生意來往，辦公室的作業，人物的心理及行爲，將這八十年代臺北上班族的畫面，清晰的帶到讀者面前。

《紅塵劫》（一九八四）裏，畫面最多的，該是對人微笑，背人流淚的女强人了。我們眞不知該不該同情她？因爲她的潑辣，精明、尖酸的語言，深深刻入我們的腦海，使人誤以爲她是勝利者。表面上是。故事由頭到尾，黎和章每一次的照面，都是她牙尖嘴利的損他，他則灰頭灰臉，無可奈何。其實，黎愛他，內心在滴血，又不肯原諒他有意的出軌，恐怕章偉這一輩子都不會知道黎爲他流了這許多的淚。

愛情上黎失敗了，經由這個失敗，她受到「啟悟」，她的辭職，表示她已擺脫「經濟動物」的枷鎖，開始尋求自我及平靜，在人生道路上已展開勝利的一頁；紀無痕同樣的，經由

「范杰式的肉慾」這失敗的教訓，「啟悟」了她最後的勝利。

第四節　臺灣當代短篇小說中女性的成長與啓悟篇劫》

一九七四年陳瑞文於《中外文學》發表了一篇評論文《談於梨華的長篇小說「變」中的人物及主婦病㉑，引起文壇的注目，而「主婦病」一辭，亦成爲文學批評的專用語。凡是描寫家庭主婦一種偶然跳出日常生活樊籠的浪漫渴慾的小說，皆冠以「主婦病」的類型主題。較出名的，除了《變》，早期的小說，尙有吉錚的《僞春》（一九六八）㉒馬健君的《癢》（一九七〇）㉓，黃娟的《多眠》㉔（一九七〇），中期的有叢甦《癲婦日記》（一九七六）㉕，施叔青的《困》（一九七五左右）㉖後期的，卽七十年代末八十年代初期的有袁瓊瓊的《海濱之夜》（本章第二節已討論過）及蕭颯《二度蜜月》（一九七七）㉗蘇偉貞《離家出走》（一九八六）㉘等，其中四篇屬於「留學生文學」，而「主婦病」以前亦是指留學生的苦悶（已婚女性）。五篇是以第一人稱，卽家庭主婦的觀點來寫，恍若作者親自的感受。其他三篇則以旁觀者的角度來寫，多了些諷刺而少了些哀怨。

陳瑞文的論文，謂「梨華小說中女主角的『變』，亦是『變節』，或隱藏有『變』的衰老的意思，那種帶給千萬女人思想背景的惘惘威脅。」（頁三十一）。《變》中的文璐，離開老實無趣的丈夫，跑去和另一個男人同居，她以爲走出家庭，就不再生存陰影裏，她就是自己了，她更以爲，通過另一個男人就可以找到自己。陳瑞文又引用女權運動先進人物比提費登《女性的秘奧》一書，來求證文璐的幼稚心態——「費登女士又認爲這些被家務纏著的主婦，……都遭遇到『身份不明的危機』，有很多時候，她們利用性慾去堅持自我的獨立……糊裏糊塗利用性慾去滿足一些與性慾無關的需求。」（頁三十二）

文璐後因兒子生死不明，她的情夫唐凌表現漠不關心，而不再愛唐凌，回到丈夫身邊，她的問題，她的苦悶仍沒解決。自我的追尋，不是從一個男人流浪到另一個男人身上，陳瑞文認爲，女性的成長，首先是「自覺」（SELF-AWARENESS），之後經過無數次的尋覓與發掘自己的潛力，才能達到「實踐自我」（SELF-ACTUALIZATION）。

《僞春》、《癢》、《冬眠》、《困》、《海濱之夜》，五篇裏的主婦，都沒有文璐的大膽，她們只是在苦悶的家庭生活中，偶然的機會下，發了場綺夢，《僞春》的女主角和男主角接了一次吻；《癢》中的主婦，在火車旅途中，對著坐位對面壯健年輕的男人，發了場戀愛的夢，火車到站，她的夢亦醒了。《困》及《冬眠》的主婦，一個借酒消愁，一個借不停地打電話來驅除空虛，連男人的影子都沒。《海濱之夜》的主婦，在遠離都市海濱的一個晚上，對著初識的德國男孩維廉，發了場綺夢，第二天，天亮了，什麼事也沒有了。她們都沒有文璐的大膽，無疑她們較傳統，較尊重婚姻及丈夫。《二度蜜月》中的富嬌，因嫌丈夫的死板，和公司裏的林科長玩過了火，誰知林科長只是玩玩，無意離婚娶她，她吃了悶虧，乖乖地回到丈夫身邊。富嬌算是大膽的，她和文璐，都有個寬宏大量的丈夫，富嬌的老實丈夫，竟然還大擺筵席，慶祝她和富嬌的二度蜜月。但是，顯然地，富嬌不快樂，她渴望風趣的丈夫，但不得不向現實妥協。《變》中的婚變，令到文璐的丈夫領悟到「妻子不但需要活著，更需要眞正的在生活中體會高一層的賞樂」，他反而是最值得同情的一個，而他們的大量，簡直不可思議。《離家出走》中的主婦，是蘇偉貞筆下慣見的「英雄人物」，她認爲現代的生活不適合她，現代對不起她，她離開現實的生活，不是爲了男人，而是爲了理想，七個短篇中，也只有她實踐了自我。七個短篇的共通點是，她們都有個老實可靠受過高等教育的「好」丈夫，或者就因爲「他」們的「好」，令到這些主婦的「包法利夫人的幽魂」（劉紹銘語）來的强烈些？反而遭丈夫遺棄的靜敏（《自己的天空》），她原本就沒有主婦病，她的自覺及自我追尋是環境逼迫下而產生，所以反而能達到實踐自我的目的，她從一個單純、害羞的主婦，變成一個「自主的，有把握的女人。」。因性格不和而離婚的女作家黃季珊（蕭颯《酒宴》，本章第一節已討論過），她已有了「自覺」，但在自我追尋的路上却犯了同樣的錯，跟了個性格不合的銅臭商人，所以陷入苦悶中，她要實踐自我，必須先認清自己的缺點，她的路仍長著呢！

一九八二年黃德偉及傅炳良共同發表了一篇論文《張愛玲短篇小說中的「啟悟」主題㉙，將女性的成長過程，亦即她們的「啟悟」分爲三個階段：

(1)暫覺性的啟悟，被啟悟者大都年輕，對所須要接受的知識感到震驚，遂致不能得到啟悟。(2)未完成的啟悟，主角雖有新的領悟，但如何應付當前問題尙感茫然。(3)完全啟悟。主角經啟悟後，更趨成熟。（頁四十五）

現在我嘗試把前述的理論，運用在當代臺灣短篇小說中的女性身上，來探女性的「啓悟」過程及時代意義。

當代短篇小說中的女性，屬於「暫覺性的啟悟」的並不多，除了少數無知的少女，如李昂《誤解》中自殺的女主角，因對性的無知；蔡昭仙《雨來了》及《眞是抱歉啊！老弟》中的無知鄉下女孩，上了男人的當，懷了孕，仍不知原因。

由於現代女性普偏接受教育，屬於第一種的較少，多數是屬於第二種「未完成的啟悟」，施叔青及李昂小說中的女性，多數借性慾爲自我追尋的方式，犯了文璐同樣的錯。但施的人物很快的和現實妥協，沈迷於物慾中；李昂的人物，不會對婚姻妥協，亦不沈迷物慾，故終能跨過「啟悟的門檻」，達到「完全啟悟」，如《愛情試驗》及《她們的眼淚》中的女性。蕭颯《浮光鏡影》中的杜欣，由於梁復生的死亡，我們看不到她的啟悟，但她有著《不須歸》中紀無痕的高貴品質，應可以達到「完全的啟悟」。《意外》中的欣柔，《爪痕》中的美豐（參考本論文第五章），《荼蘼花的下午》中的碧淑，對自己的生活都有了「自覺」及「領悟」，但不知如何面對問題，亦無勇氣跨越啟悟的門檻，欣柔選擇自殺，美豐亦想到自殺，碧淑接受「自願為妾」的事實，那惘惘的威脅，並不能帶動她的勇氣，離開她愈來愈難容忍的情人。（參考本章第二節），這些女子，多數和葛薇龍一樣，不喜歡以前的自己，才會有自我追尋；但在過程中受到挫折，又缺乏陳炳良所謂「道德的勇氣」及我認為的「高貴的品質」，而終於失敗了。只有施叔青筆下的女子，懷念以前的自己，可是因她們的墮落太快太容易了？《紅塵劫》中的黎欣欣，亦已有了「領悟」及「自覺」，她開始不喜歡以前的自己，欲擺脫心中功利的思想，她的韌性，應可以完成啟悟的過程，雖然故事結尾停留在「未完成的啟悟」。

費敏（《陪他一段》）的死及沈敬庭（《人間有夢》）的死，令到曾宇（《不老紅塵》）及高品晨完全的啟悟了。所謂置諸死地而後生。

看到這些女子，在自我追尋中掙扎的如此苦，不禁令人懷念朱天心的「多情」及張系國的「濫情」，前者讓我們看到「純純的愛」，後者讓我們看到「永恒的女性」。

當我們見多了自私的現代男女，朱天心的《天之夕顏》㉚，無疑是一帖清涼劑。他們的愛情雖是悲劇收場，但是一個竭盡所有去愛，一個了無心機去愛，譜成了一曲現代的「梁山伯與祝英台」，只差男主角沒有哭墳罷了。或者，這種愛情，只存在入世未深的男女大學生身上。

朱天文的《伊甸不再》㉛亦有著濃烈的愛，由於女主角不愉快的童年，她充滿了懷想式的（NOSTALGIC）恨，所以將愛整個投入她愛的男人身上，她的恨造成她强烈的需要愛，愛對她來說太重要了，所以她才會自殺，她容忍不了分割的愛，她愛上了有婦之夫。對方也愛她，但是，那是不夠的。

她們的「多情」，了無心機的去愛，令我們回到古老的時光。她們無須自覺，無須自我追尋，只須要愛。

除了黃春明創造了白梅（《看海的日子》）的「聖女」形象外，張系國對他小說中的女性亦有「濫情」的傾向，他創造了「永恒的女性」，如《笛》㉜中的羅黛，她雖死猶生，這個一生漂泊的女人，任由命運播弄，她的生存姿態不是死亡所能拘囿的，因爲「羅黛可以從世界的一角漂流到另一角，却沒有任何人，任何事物能沾汚她。」（頁一四一）羅黛啟發了作者走進了他內心的「烏托邦」，那裏充滿了和祥、寧靜。《藍色多瑙河》㉝裏的阿貞，以她的死來抗拒人性的污染及創傷，她永遠保存了自己的清白。以上兩篇皆發表於一九七四年。《大風吹》（一九六五）裏死去的母親的幽魂，永遠存在兒子心目中，是那麼高貴，不可侵犯。㉞；《七巧》（一九六五）㉟中的七巧，抗拒臺北花花世世的享受，情願留在鄉下，和心愛的男人同甘共苦，她保留了女性的純眞，永遠的保留了。臺灣當代小說中的女性具有《浮士德》「永恒的女性」形象的並不多，除了上述兩位男性作家的小說外，尙有鍾鐵民《石罅中的小花》㊱中的貞姊，陳淑吉《鞭炮》㊲裏的好妹妹。貞姊是小流涕受盡後母虐待的崎嶇童年的唯一的安慰，代替他失去的母愛。好妹妹是不良少年阿金心中的一盞明燈，指引他好好做人，努力上進。她們簡直是《浮士德》裏所歌頌的「永恒的女性」㉗。

對台灣當代小說中的女性，劉紹銘認爲，兩性婚姻關係，各代的臺北人皆不同，五十年代鍾理和短篇小說中的台妹，她的相夫教子，吃苦耐勞，七、八十年代已見不到，台妹的故事可以當作《列女傳》來寫。㊳我在敝論文的第二章，指出五、六十年代，像台妹一樣偉大的主婦，尙有潘人木《哀樂小天地》及王禎和《素蘭要出嫁》中的主婦，及令人感動貧賤夫妻的故事。七、八十年代的臺灣社會，由於社會富庶，較少見貧賤夫妻。劉紹銘認爲七、八十年代臺灣短篇小說中的夫妻關係是男的「床頭金盡」女的「色衰愛弛」，他舉蕭颯的《婚事》爲例，女的因丈夫生意失敗要求離婚。同樣的故事有廖輝英《小貝兒的十字架》㊴，除此則無了，可見劉紹銘患了以偏概全的錯，他對於患「主婦病」的女人，贈以「咎由自取」，他似乎不太諒解這些女性。「床頭金盡」並非七、八十年代離婚的主因，更多的是男方的外遇，這點劉先生却避之不談。七十年代的「列女」其實也不少，馮菊枝《畫魘》㊵（寫於七十年代初期，正確年份不詳）中的男主角，是當代小說中寫的最令人悸怖、觸及的心靈世界最深最廣的一個。而他的太太，獨立支撐一個家，十幾年來，陪著丈夫奮鬥，希望他事業成功。她比台妹更偉大，台妹的丈夫對她體貼愛憐，除了患肺炎的三、四年不能賺錢養家，其他的歲月都有工作，而《畫魘》中的丈夫，生意失敗了十幾次，沒賺過一毛錢，他做生意的錢全是太太忍氣吞聲賺來或借回來的，更慘的是，她還要忍受丈夫的謾罵及虐待，她用諒解及愛心，包容了丈夫的一切，比台妹更偉大。張小鳳《快樂的單身女郎》㊶中的忻忻，賺錢養家，省吃減用，而男的却花天酒地，不肯工作，她不是更令人同情？袁瓊瓊的《談話》（一九八三）㊷蘇偉貞《陰影之後》（一九八五）㊸，故事大同小異，兩代自私的男人，兩代受虐待的女人，兩個作家都給予小說共同的情意結—不和睦的父母，童年的陰影，會影響人的一生，這亦是馬森的情意結。這些主婦，她們沒有「主婦病」，無須自覺，無須追求自我，她們的共通點是—都有個自私，或較貧窮的壞丈夫，這共通點和患「主婦病」的女人的共通點剛好相反，這是個頗有趣，但道理淺顯的問題。

本節以陳瑞文及陳炳良二人發表在《中外文學》的兩篇論文爲論點，廣泛的分析了敝論文提過的臺灣當代短篇小說，是希望以他們的角度來探討當代的小說中的女性，而能有所新意。

【附註】

① 見葉石濤《季季論—臺灣婦女生活中的「詩與眞實」》一文，收入《臺灣鄉土作家論集》一書，葉石濤著，遠景出版社，一九八一年二月再版。

② 收爲《一九八四臺灣小說選》一書序，唐文標主編，前衛出版社，一九八五年五月十日三版。

③ 《浮光鏡影》、《酒宴》、《意外》三個短篇，皆收入《二度蜜月》一書，蕭颯著，聯經出版社，一九七八年八月初版。《盛夏之末》則收入《聯副三十年文學大系小說卷④》，聯經出版社，一九八一年九月初版。

④ 王夢鷗《傾城之戀》序，收爲《聯副三十年文學大系小說卷④傾城之戀》序，聯經出版社，一九八一年九月版。

⑤ 林佩芬的《洞仙歌》，收入《十一個女人》，蕭颯等著。爾雅出版社，一九八四年九月五日十七版。

⑥ 見劉紹銘《無可奈何的人生—論袁瓊瓊的小說》一文，收入《隨筆與雜文》一書，頁四十三。劉紹銘著，正中書局，一九八四年二月台初版。

⑦《禪》，收入《愛情人生》，蘇偉貞編，前衛出版社，一九八四年八月一日六版。
⑧收入《隨筆與雜文》一書，見註⑥。
⑨王文興《人情練達卽文章—評自己的天空》一文，收入《聯合報六九年度短篇小說獎作品集》，頁九十三。聯經出版社，一九八二年三月第二版。
⑩以下袁瓊瓊的七個短篇，全部收入短篇小說集《自己的天空》，袁瓊瓊著，洪範出版社，一九八四年三月九版。
⑪張愛玲《沉香屑—第二爐香》，收入《張愛玲短篇小說集》，皇冠出版社，日期不詳。
⑫見《中外文學》二卷十二期，一九七四年五月出版。
⑬於梨華是公認爲最擅長寫留學生生活的苦悶的女作家。尤其擅長寫女性的苦悶。
⑭同註⑥，頁四十五。
⑮收入《現代文學小說選集第二冊》，歐陽子編，爾雅出版社，一九七九年四月五版。
⑯同註⑥頁三十七。
⑰《自己的天空》一書，見註⑩。
⑱同註⑥四十三頁。
⑲收入短篇小說集《茨冠花》，許台英著，洪範出版社，一九八六年三月三版。
⑳收入《油蔴菜籽》，廖輝英著，皇冠出版社，一九八四年七月第一版。
㉑同註⑫。
㉒同註⑮。

㉓ 同註⑮。
㉔ 收入《聯副三十年文學大系小說卷②》，聯經出版社，一九八一年九月初版。
㉕ 收入《想飛》，叢甦著，聯經出版社，一九七七年七月初版。
㉗ 收入《常滿姨的一日》，施叔青著，景象出版社，一九七七年元月一日再版。
㉗ 收入短篇小說集《二度蜜月》，同註③。
㉘ 收入短篇小說集《離家出走》，蘇偉貞著，洪範出版社，一九八七年二月初版。
㉙ 收入《張愛玲短篇小說論集》，陳炳良著，遠景出版社，一九八五年四月再版。
㉚ 收入《愛情人生》，見註⑦。
㉛ 收入《愛情人生》，見註⑦。
㉜ 收入《香蕉船》，張系國著，洪範出版社。一九七六年十一月再版。
㉝ 收入《香蕉船》，同註㉜。
㉟ 收入《聯副三十年文學大系小說卷②》，見註㉔。
㉟ 同註㉟。
㊱ 同註㉟。
㊲ 收入《聯合報六六年度小說獎作品集》，聯經出版社，一九七八年六月二版。
㊳ 同註⑧。
㊴ 收入《油蔴菜籽》一書，見註⑳。
㊵ 收入《十一個女人》，見註⑤。

㊶ 收入《十一個女人》，見註⑤。

㊷ 收入短篇小說集《滄桑》，袁瓊瓊著，洪範出版社，一九八五年六月六版。

㊸ 收入短篇小說集《舊愛》，蘇偉貞著。洪範出版社，一九八六年四月十一版。

第七章　結　論

臺灣當代小說的特色是正視現實，故小說中的女性描寫，多已擺除了以往的輕佻浮薄的浪漫、感傷氣氛。在第一、二章中，我們不難發現童媳、養女制度所造成的許多悲劇；本省婦女地位低落帶來的種種不幸；五、六十年代缺乏教育及識見的無知女子，她們成長過程中所受到的創傷。到了七、八十年代，作家們創造了更豐饒，多樣性的小說，他們對女性的描寫更具風格：施叔青的「慾火焚身」，李昂的「性困結」，蘇偉貞的「情之有無」，蔣曉雲的「溫情」，朱天文、朱天心的「多」，張系國的「濫情」，馬森的「無情」，蕭颯的「庸碌男女」，袁瓊瓊的「無可奈何」，廖輝英的「女子的韌性」，許台英「赤裸的戰鬥」，曾心儀「卑微的心願」，這些小說的共同點，是或多或少有種現代人的孤寂與徬徨，到處都是競爭，這些作家們，毫不掩飾他們面臨的困局及痛苦，他們尊重讀者，由於教育的普及、資訊的發達，二十世紀的讀者已無須教化。故作家們，不會為別人指出一條道路，他們自己也是困局中人，也是迷惑的，但是，透過這些作品，啟發了讀者（尤其是女性）面臨問題的勇

臺灣思想史上的一頁空白──張深切的中國經驗

張

參考書目

作者　書　名　出版社　出版日期

1. 王禎和　嫁妝一牛車　遠景出版社　一九七五年五月初版
2. 水　晶　張愛玲的小說藝術　大地出版社　一九八五年七月七版
3. 王禎和、王拓等著　阿貴　文學研究社出版　一九八三年六月初版
4. 朱天文　喬太守新記　皇冠出版社　無出版日期　皇冠叢書第四七四種
5. 李　昂　花季　洪範出版社　一九八五年一月三版
6. 李　昂　愛情試驗　洪範出版社　一九八四年三月六版
7. 李　昂　她們的眼淚　洪範出版社　一九八四年七月五版
8. 李昂編　愛與罪　前衛出版社　一九八四年十一月再版
9. 周伯乃　情愛與文學　東大圖書公司　一九八四年八月初版
10. 周寧編　七十一年短篇小說選　爾雅出版社　一九八四年三月六版

11. 林柏燕編　六十二年短篇小說選　書評書目出版社
12. 施叔青　約伯的末裔　仙人掌出版社　大林書店一九六九年重刊
13. 施叔青　常滿姨的一日　景象出版社　一九七七年六月再版
14. 施叔青　愫細怨　洪範出版社　一九八四年四月三版
15. 思兼編　六十一年短篇小說選　書評書目社出版
16. 夏志清　愛情、社會、小說　純文學出版社　一九八一年十二月七版
17. 夏志清　新文學的傳統　時報文化出版公司　無出版日期
18. 陳若曦　陳若曦自選集　聯經出版社　一九七八年十二月五版
19. 陳炳良　張愛玲短篇小說論集　遠景出版社　一九八五年四月再版
20. 袁瓊瓊　自己的天空　洪範出版社　一九八四年三月九版
21. 袁瓊瓊　滄桑　洪範出版社　一九八五年六月六版
22. 孫瑋芒　龍門之前　聯經出版社　一九七七年十一月初版
23. 唐文標編　一九八四年臺灣小說選　前衞出版社　一九八五年五月十日二版
24. 馬　森　孤絕　聯經出版社　一九八四年二版
25. 馬　森　夜遊　爾雅出版社　一九八四年二月第一版

26. 尉天驄　文學札記　新風出版社　一九七一年出版
27. 許台英　茨冠花　洪範書店出版　一九八六年三月三版
28. 黃春明　我愛瑪莉　遠景出版社　一九八四年十月七版
29. 黃春明　莎喲哪啦！再見　遠景出版社　一九七八年十三版
30. 張愛玲　張愛玲短篇小說集　皇冠出版社　一九七七版
31. 張愛玲　流言　皇冠出版社　一九七七年六月版
32. 張淑香　元雜劇中的愛情與社會　長安出版社　一九八〇年四月初版
33. 張系國　香蕉船　洪範書店出版　一九七六年十一月再版
34. 陳映眞　夜行貨車　遠景出版社　一九八〇年三月再版
35. 陳映眞　第一件差事　遠景出版社　一九七八年九月五版
36. 陳映眞　山路　遠景出版社　一九八六年七月三版
37. 葉石濤　臺灣鄉土作家論集　遠景出版社　一九八一年二月再版
38. 葉慶炳主編　中國古典小說中的愛情　時報出版社　一九八二年十月五版
39. 何　欣　中國現代小說的主潮　遠景出版社　一九七九年三月初版
40. 曾昭旭　文學的哲思　漢光文化事業公司出版　一九八五年二月二版

41. 楊青矗　工廠人　敦理出版社　一九七八年九月十一版
42. 楊青矗　同根生　遠景出版社　一九八二年七月初版、
43. 劉紹銘　小說與戲劇　洪範出版社　一九八〇年六月三版
44. 劉紹銘　涕淚交零的現代中國文學　遠景出版社　一九七九年十一月初版
45. 劉紹銘　隨筆與雜文　正中書局　一九八四年二月台初版
46. 劉開榮　唐代小說研究　商務印書館
47. 鄭清文　最後的紳士　純文學出版社　一九八四年二月初版
48. 廖輝英　油蔴菜籽　皇冠出版社　一九八四年七月版
49. 歐陽子　王謝堂前的燕子　爾雅出版社　無出版日期
50. 歐陽子編　現代文學小說選集　爾雅出版社　一九七九年四月五版
51. 蔣曉雲　姻緣路　聯經出版社　一九八四年十月五版
52. 蕭　颯　二度蜜月　聯經出版社　一九七八年八月初版
53. 蕭　颯等著　十一個女人　爾雅出版社　一九八四年九月十七版
54. 隱地編　五十九年短篇小說選　書評書目社出版
55. 隱地編　五十七年短篇小說選　書評書目社　一九七四年四月五日三版

56.謝康博士　賣淫制度與臺灣娼妓問題　大風出版社　一九七二年六月初版
57.鍾肇政　鍾肇政自選集　黎明文化事業公司出版
58.潘人木　哀樂小天地　純文學出版社　一九八一年四月初版
59.龍應台　龍應台評小說　爾雅出版社　一九八五年六月出版
60.叢　甦　想飛　聯經出版社　一九七七年七月初版
61.蘇偉貞　陪他一段　洪範書店　一九八四年九月十二版
62.蘇偉貞　世間女子　聯經出版社　一九八四年四版
63.蘇偉貞　人間有夢　現代關係出版社　一九八四年四月再版
64.蘇偉貞　舊愛　洪範書店　一九八六年四月十一版
65.蘇偉貞　離家出走　洪範書店　一九八七年二月初版
66.蘇偉貞編　愛情人生　前衞出版社　一九八四年八月一日六版
67.高上秦主編　時報文學獎小說獎第二屆　時報文化出版公司　一九八三年四月再版
68.書評書目社主編　第三隻眼　書評書目社出版　一九七六年二月初版
69.陳瑞文　談於梨華的長篇小說變中的人物及主婦病　中外文學二卷十二期　一九七四年五月

70. 馬叔禮　心嚮往之—來談陪他一段　中外文學八卷九期　一九八〇年二月號
71 王德威　尋找女主角的男作家—芳盾、朱西寧、黃春明、李喬　中外文學十四卷十期　一九八六年三月
72 王靖獻　讀小說一文　發表於一九八五年六月十八日臺灣聯合報副刊
73 李永平　日頭雨　臺灣聯合報副刊　一九七八年十一月四日
44. 戴　天　小說與性愛　香港信報　一九八五年六月二日
75 陳映貞　寫作是一個思想批判和自我檢討的過程　香港七十年代月刊　一九八三年九月
76 劉紹銘　評陳映貞的心路歷程　九十年代（香港）月刊　一九八四年七月號
77 舒　非　與施叔青談她的香港的故事　香港九十年代月刊　一九八五年五月號
78 聯副三十年文學大系小說卷②大風歌　聯經出版社　一九八一年九月
79 聯副三十年文學大系小說卷③　聯經出版社　一九八一年九月初版
80 聯副三十年文學大系小說卷④　聯經出版社　一九八一年九月初版
81 聯副三十年文學大系小說卷⑤　聯經出版社　一九八一年九月初版
82 聯副三十年文學大系小說卷⑥　聯經出版社　一九八一年九月初版
83. 聯副三十年文學大系小說卷⑦　聯經出版社　一九八一年九月初版

84 聯合報六五年度小說獎作品集　聯經出版社　一九七七年一月二版
85 聯合報六六年度小說獎作品集　聯經出版社　一九七八年六月二版
86 聯合報六九年度小說獎作品集　聯經出版社　一九八二年三月二版